英文解釈の
テオリア

英文法で迫る英文読解入門

倉林 秀男 著

THEŌRIA Θεωρία

Grammar as the Key
to a Proper Interpretation of English

Z-KAI

はじめに

　大学入試を目標として英語の学習を続けていると、本当に英語が読めるようになっているのかわからなくて不安になってしまうことがあると思います。そんな不安を少しずつ解消しながら、**一歩一歩着実に英語を読むための、基本的な文法事項や英語の読み方について理解を深めていくことが本書の目的です。**

　英文が読めるようになるためには、語彙力、文法の知識、構文を把握する力など、さまざまな力が必要になります。まずは次の英文の意味を考えてみるところからはじめましょう。使われている単語はすべて中学までに学習するものですが、うまく訳せますか？

The old man told the story cried.

　story まで読んで「老人がその物語を話した」と考えると、cried という動詞が出てきて、「あれっ？」と思ったかもしれません。そんなときは、一度 told まで戻って考え直してみましょう。そうすると、told は過去分詞の形容詞用法として使われていて、the old man を修飾していることに気がつきます。つまり、この文は The old man [(who was) told the story] cried. という構造になっていて、「その物語を聞かされた老人は泣いた」という意味になるのです。

　この英文が読めるようになるには、「主語」や「動詞」という英語の基本的な文型を見抜く力や、told や cried が動詞の過去形か過去分詞形かを判断できる力が必要になります。知っている単語の意味をつなげて、「おじいさんがいて、物語を話して、泣いた」と「それらしい日本語」にすることができれば大丈夫、と思っている人もいるかもしれませんが、それではいけません。やはり、「きちんと」英語を読めるようになるトレーニングを重ね、気がついたら英文を左から右に読んでいくうちに意味が頭に入ってくるという状態を作っていってほしいと思っています。

　そのような状態を作るためには何をすればよいのでしょうか。それは、**英文を1つ1つていねいに理解することからはじめるしかありません。**そうした「読む」ための基礎体力づくりには、「英文解釈」のトレーニングが有効です。英文解釈は理屈っぽく、古めかしくて、役に立たないと思うかもしれませんが、解釈の技法は、日本という国が、言語も文化も異なる国々から情報や技術を取り入れるために、長い時間をかけて培われてきたものです。わたくしも、先人たちの叡智を咀嚼しながら、言語学や英語学の分野で論じられてきたことをこの本の中に散りばめてみました。

本書には、「読む」ための基礎体力づくりとして、少しでも皆さんのお役に立てればと思いながら執筆したポイントがまとめられています。

　徹底的に文法を理解し、語彙を頭の中に入れ、英語の読み方を体験的に理解していく。こうして体得した英語の読み方は、みなさんが大学に入学してから、さらにはその後の人生で、英語に触れたときに必ず役に立ちます。最初は、覚えることがいっぱいあって大変で、苦しくて逃げ出したくなるかもしれません。難しくて英語が嫌になるかもしれません。ですが、**毎日少しでも努力を積み重ねていけば**、きちんと力がついていくはずです。

　本書は主に大学受験をめざす高校生を対象としていますが、大学受験という目標があるとはいえ、入試問題ばかりを読むのでは、実際の活きた英語に触れている実感が湧きにくいですよね。そこで、本書では入試問題だけではなく、ニュースやSNS の英文、さらには世界中の人たちに読まれている英語の小説を、やさしい英語に書き換えることなく「そのまま」取り上げています。数行の短い引用ですが、英米の人が読む英文の一部を味わう体験ができるのです。その体験を通じて英語が読めるようになれば、世界中の英語で書かれた書物を味わえるようになり、世界についてより多くのことを知ることができるようになります。英語で書かれた書物を読み、視野を広げていくためにも、本書で英語を読む力を高めていきましょう。

　近い将来、外国語の読解は AI による自動翻訳に取って代わられてしまうかもしれません。しかし、**AI が翻訳した文章を読むだけでは「原文を読み、原文に込められたメッセージを受け止める」喜びを味わうことができません**。また、社会に出ると、英語で書かれた契約書などを読む機会があるかもしれません。そこでは、絶対に間違えることができませんので、**しっかり英文を吟味し、誤りのない解釈をしなければなりません**。いずれにせよ、しっかりと読む力が必要であることに変わりはないのです。

　書名にある「テオリア」とは、「眺めること」という意味のギリシャ語で、哲学では「事物の真理を理性的に知ろうとすること」(『日本国語大辞典』)を指します。本書から英文読解の一歩を踏み出し、英語を通じて世界のテオリア、つまり、世界を眺め、知ることの面白さを感じてほしいと願っております。

倉林 秀男

もくじ

本書の構成と使い方

① 英文

その課で学ぶ英文です。まずは語注や文脈、右上に示された英文難易度を参考に読み、内容が理解できるかを確かめましょう。

英文難易度：★☆☆　標準（共通テストレベル）　★★☆　やや難　★★★：難

② 注目ポイント

英文中で注目すべき文法のポイントが、質問形式で示されています。書き手が英文に込めた〈メッセージ〉に迫る上で重要なポイントにもなっています。

③ 英文法が語ること

②の注目ポイントに関する文法項目の解説です。基本的な知識を確認しつつ、その文法が英文中で果たすはたらきや表すさまざまな意味について学ぶことができます。

④ 英文法で迫る

②の質問に対する答えが示されています。③で学んだ文法のはたらきや意味が、実際の英文でどのように現れているかを確認しましょう。

⑤ 日本語訳

英文全体の日本語訳です。④で確認した内容を反映させた訳になっています。自分の訳と日本語訳を照らし合わせてみましょう。どうしてこのような訳になるかについては、⑦英文解説でしっかり確認しましょう。

⑥
⑦

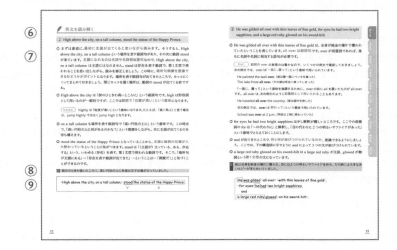

⑧
⑨

⑥ 英文を読み解く
①の英文の全文解説です。英文は1文ごとに再掲載しているので、前のページに戻ることなく、その場で英文を確認することができます。

⑦ 英文解説
英文の読み方についてのくわしい解説です。文法や語句の確認はもちろん、英文の読み方についても説明しているので、解説を読むことで英文を左から右に読む、いわゆる〈直読〉の感覚が追体験できるようになっています。

⑧ 訳
各文の日本語訳です。⑦で解説した内容を反映させた直訳に近い訳になっています。⑤の日本語訳との違いに注目すると、英文和訳のコツが見えてくるでしょう。

⑨ 文の構造
構造が複雑な文については、その構造を図解しています。⑦の英文解説と合わせて確認しましょう。図解で使用している主な記号は以下のとおりです。

| □ 主語 | ___ 動詞 | ___ 目的語 | ∽ 補語 |
| [ ] 名詞句・名詞節 | ( ) 形容詞句・形容詞節 | < > 副詞句・副詞節 |

学習の進め方

　本書は、英文中に使われている文法に注目し、そこから書き手が英文に込めた〈メッセージ〉に迫ることを目標にした構成になっています。

① 英文を読む

　まずは語注や文脈を参考に、英文を読んでみましょう。わからない語句があれば、辞書で意味を確認しましょう。内容がうまくつかめない場合は、日本語訳を見てもかまいません。その英文が何を伝えようとしているのかを確認してから、次のステップに進みましょう。

② 注目ポイントについて考える

　英文全体の内容を確認したら、注目ポイントについて考えてみましょう。注目ポイントは、文法の知識をカギに、書き手が英文に込めた〈メッセージ〉に迫る内容になっています。これまでに学んだ文法の知識を思い出しながら、なぜ書き手がその文法を使ったのか、その意図を推測してみましょう。

③ 〈英文法が語ること〉を読み、〈英文法で迫る〉を確認する

　次に、注目ポイントで使われている文法について、〈英文法が語ること〉で確認します。十分に理解できていない項目があれば、総合英語などの文法参考書で復習しておきましょう。文法をひととおり確認したら、〈英文法で迫る〉を読み、注目ポイントで示した文法がどのような意図で使われているのかを確認します。ここまで来れば、英文法をカギに書き手が英文に込めた〈メッセージ〉に迫るコツがつかめてくるでしょう。

④ 〈英文を読み解く〉を確認する

　最後に、〈英文を読み解く〉で各文の構造や内容を確認しておきましょう。特に、意味がうまくつかめなかった文については、解説をしっかりと読み、理解を深めておきましょう。

⑤ 音読・音声を使った学習

　英文の内容が理解できたら、音読に取り組むとよいでしょう。p.220 の〈英語学習のTIPS〉に音読についての説明があるので、それにしたがって音読してみましょう。さらに、音声を使った学習を行うとより効果的です。「音声を聞く→訳してみる→最後に意味がわかったところで再度音声を聞く」という流れで音声を活用すれば、文字だけでなく音からも英語を定着させることができるでしょう。

音声サイトのご案内

　本書の英文の音声は、下記サイトから無料でダウンロード・ストリーミングできます。

　　https://service.zkai.co.jp/books/zbooks_data/dlstream?c=2848

　ダウンロードされた音声の圧縮ファイルには、著作権の関係でパスワードがかかっています。ファイルを解凍する際には、以下のパスワードを入力してください。

　　※解凍用のパスワード：zkaiTheoria48（文字は全て半角）

第 1 章

主語と動詞で迫る

英語は語順で意味が決まる言語です。したがって、英文を読み解く際には、語順、特に文の中心となる主語と動詞をとらえることが大切になります。ここでは、英語の5つの文型を整理しながら、英文解釈の基本である語順のとらえ方を学んでいきましょう。

動詞と文型 (1)

①<u>High above the city, on a tall column, stood the statue of the Happy Prince.</u> ②He was gilded all over with thin leaves of fine gold, for eyes he had two bright sapphires, and a large red ruby glowed on his sword-hilt.

(Oscar Wilde, *The Happy Prince*)

*gild：〜に金箔をかぶせる　fine gold：純金　glow：きらめく　hilt：(刀などの) 柄

 下線部の主語は何でしょうか？

 英文法が語ること　第1文型

主語と動詞だけで成立する文（第1文型：SV）

〈主語〉と〈動詞〉という主要な要素だけで成立する文型を第1文型といいます。第1文型が表すのは、「主語が〜する」または「主語が存在する」ということです。このうち、「主語が存在する」というときは、場所を表す語句が必要となります。日本語で考えても、「彼は滞在している」というよりも「彼はオックスフォードに滞在している」としたほうが、適切に情報が伝えられるはずです。英語でも、He is staying.ではなく、He is staying in Oxford.と場所を表す語句を入れます。ここで、存在を表す第1文型の例文を確認しておきましょう。

Opportunity lies <u>in the middle of difficulty</u>.　（チャンスは困難な局面の中に存在している）

この文の主語は opportunity（機会、チャンス）、動詞は lies（存在する）です。これだけで文が成立していますが、「チャンスが存在する」だけでは、どこにチャンスがあるのかわかりません。そこで、in the middle of difficulty（困難な局面の中に）という、存在する場所をきちんと伝える語句が必要になります。

（ちなみに）lie は「（主語が）〜に存在する」という意味を表す自動詞で、〈S + lie + 場所〉という形で用いられます。過去形は lay、過去分詞は lain となることも覚えておきましょう。

場所を表す語句を文頭に出す

第1文型について、もうひとつ押さえておきたいのは、場所を表す語句を文頭に移動させ、主語と動詞の語順を入れ替えた表現が用いられるということです。このことを、専門的には〈場所句倒置〉といいます。具体的にどういうことか、先ほどの例文をもとに確認してみましょう。Opportunity lies in the middle of difficulty. の場所を表す語句 (副詞句) の in the middle of difficulty を文頭に移動させ、主語の opportunity と動詞の lies を入れ替えると、次のようになります。

In the middle of difficulty lies opportunity.

　このような形にすると、通常の語順で表された文とどのような意味の違いがあるのでしょうか。語順を入れ替えるのにはいくつかの理由がありますが、ここでは書き手が読み手に対して、文頭に移動させた部分に注意してもらいたいと思っていると考えておきましょう。

　ちなみに、倒置された文は相対性理論で有名なアルベルト・アインシュタイン（Albert Einstein）の言葉です。アインシュタインは、単に「チャンスは困難の中にある」というよりも、「困難の中にこそ、チャンスがあるのだ」と伝えたかったのでしょうね。

（ちなみに）（1）主語と動詞の順序を変えるのは任意ですが、主語が代名詞の場合は、場所句を文頭に移動しても主語と動詞の語順は変えません。
（2）場所句が文頭に移動する理由として〈情報の流れ〉も挙げられます。たとえば次の例文では、1文目の公園という表現を受けて、2文目では場所句を文頭に移動させています。

I played with my friends in **the park**. Round **the park** ran a very lofty wall.
（私は友人と公園で遊んだ。その公園のまわりには、とても高い壁がめぐらされていた）

 英文法で迫る

　下線部の主語は the statue of the Happy Prince で、動詞は stood です。場所を表す High above the city, on a tall column が文頭に出て、主語と動詞の語順が入れ替わった場所句倒置の形をとっています。

　この文は、オスカー・ワイルドの『幸福な王子』（→ p.26）の冒頭部分です。最初の High above the city は、これから物語が展開する街を見下ろすような高い場所を私たちに意識させます。そして、私たちが俯瞰的に街を見下ろす視点を持ったところで、on a tall column と続け、円柱がそびえ立つイメージを喚起させ、最後に stood the statue of the Happy Prince と王子の像が現れてきます。こうした俯瞰的な視点が徐々に、特定のものにフォーカスされていく様子が、物語の始まりにはふさわしいですよね。

日本語訳
街の上にそびえるように、高い円柱の上に幸福な王子の像が立っていました。純金の薄片に全身を覆われ、目には2つの明るいサファイア、刀の柄には大きな赤いルビーがきらめいていました。

英文を読み解く

① High above the city, on a tall column, stood the statue of the Happy Prince.

◉ まずは素直に、最初に主語が出てくると思いながら読みます。そうすると、High above the city, on a tall column という場所を表す副詞句があり、その次に動詞 stood が来ています。主語になれるのは名詞や名詞相当語句なので、High above the city, on a tall column は主語にはなれません。stand は存在を表す動詞で、第1文型で使われることを思い出しながら、読みを修正しましょう。この時に、場所句倒置を意識できるかどうかがポイントになります。場所を表す副詞句が出てきたところで、カッコにくくってまとめておきましょう。閉じカッコを置く場所は、動詞の stood が出てくる前ですね。

◉ High above the city は「街のひときわ高いところに」という副詞句です。high は形容詞として用いるのが一般的ですが、ここでは副詞で「位置が高い」という意味になります。

（ちなみに） highly は「程度が高い」という意味になります。たとえば、「高く飛ぶ」と言う場合は、jump highly ではなく jump high となります。

◉ on a tall column も場所を表す副詞句で「高い円柱の上に」という意味です。この時点で、「高い円柱の上に何があるのかな?」という推測をしながら、次に主語が出てくるのを待ち構えます。

◉ stood the statue of the Happy Prince となっていることから、主語と動詞の位置が入れ替わっているということに気がつきます。stand は「(主語が) 立っている、ある、存在する」という、いわゆる〈存在〉を表す、第1文型で使われる動詞です。そこで、「場所句が文頭にある」→「存在を表す動詞が出てきた」…ということは…「倒置だ!」と気づくことができるのです。

訳 街のひときわ高いところに、高い円柱の上に幸福な王子の像が立っていました。

〈High above the city, on a tall column,〉 <u>stood</u> | the statue of the Happy Prince |.
　　　　　　　　　　　　　　　　　　　　　　V　　　　　　　　S

② He was gilded all over with thin leaves of fine gold, for eyes he had two bright sapphires, and a large red ruby glowed on his sword-hilt.

❖ He was gilded all over with thin leaves of fine gold は、全身が純金の薄片で覆われていたということを表しています。leaves は、ここでは「箔」の意味で使われています。all over は副詞句です。over が前置詞であれば、後ろに名詞や名詞に相当する語句が必要です。

（ちなみに）今日では「箔」は leaf（不可算名詞）で表しますが、『幸福な王子』が書かれた19世紀頃は leaves と複数形で表すこともありました。この引用部分では、何枚もの金箔が貼り付けられていることを表しています。そして、ツバメが王子の金箔を「一枚一枚剥がす」という最後の場面と呼応しています。

（さらに）副詞の over の表現力は豊かなので、いくつかの例文で確認しておきましょう。次の例文では、over は「一面に、覆って」という意味で用いられています。

　　He painted the wall **over**. （彼は壁一面にペンキを塗った）
　　The lake froze **all over**. （その湖は完全に凍ってしまった）

「一面に、覆って」という意味を強調するために、over の前に all を置いたものが all over です。all over は、次の例文のように前置詞として用いられることもあります。

　　He traveled **all over** the country. （彼は国中を旅した）

次の例文では、**over** は「終わって」という意味で用いられています。

　　School was **over** at 2 p.m. （学校は2時に終わっていた）

❖ for eyes he had two bright sapphires は少し解釈が難しいところです。ここでの前置詞の for は「〜の代わりに」と解釈し、「目の代わりに2つの明るいサファイアがあった」という意味でとらえておくことにします。

❖ and が出てきたところで、何と何が結びつけられているのか、意識できるようにしましょう。ここでは、下の構造図に示すように and によって3つの文が結びつけられています。

❖ a large red ruby glowed on his sword-hilt は a large red ruby が主語、glowed が動詞という第1文型の文になっています。

訳 彼は全身を純金の薄片に覆われ、目には2つの明るいサファイアを持ち、刀の柄には大きな赤いルビーがきらめいていました。

```
He was gilded <all over> <with thin leaves of fine gold>,
<for eyes> he had two bright sapphires,
    and
a large red ruby glowed <on his sword-hilt>.
```

2

動詞と文型（2）

①The British love of curry, a dish adopted and adapted after the colonization of India, is a relic of the time when the sun never set on the British Empire. ②But the term "curry" reflected a deliberate ignorance of the diversity of Indian food. ③As a British historian writes, curry was something that the Europeans imposed on India's food culture. （法政大学）

* a relic of ～：～の名残　deliberate：故意の　　impose A on B：A を B に押しつける

 下線部の動詞は何でしょうか？

 英文法が語ること　第 2 文型

動詞の後に補語が続く文（第 2 文型：SVC）

〈主語〉と〈動詞〉の後に、主語の特徴・職業などの〈性質〉や、結果として生じているその時点での〈状態〉を説明する語句が続く文型を第 2 文型といいます。たとえば、He is a doctor. であれば、彼が医師であるという〈性質〉を、He is sick. であれば、彼が現時点で病気である〈状態〉を表しています。a doctor や sick のように、動詞の後に続き、主語の状態や性質を表す語句のことを〈補語〉といいます。補語には基本的に形容詞のほか、名詞が置かれます。

第 2 文型で使われる動詞

① be 動詞タイプ「S は C である」

第 2 文型で用いられる be 動詞の後には名詞、形容詞もしくは〈of ＋名詞〉が来ます。〈be 動詞＋ of ＋名詞〉の例として、This book is **of great interest** to me.（この本は私にとっておもしろいものである）で考えてみます。of great interest は、主語の「この本」が「どういうものであるか」と説明をしています。同じ be 動詞でも、〈主語＋動詞＋場所を表す副詞句〉の形で「～がいる〔ある〕」という〈存在〉を表すものは第 1 文型になりますので、違いに注意しましょう。〈of ＋名詞〉は形容詞になり、of great interest は greatly interesting と読むことができます。

② stay / remain / keep タイプ「S は C のままである / であり続ける」

補語の状態が継続していることを表す場合、stay、remain、keep などの動詞が使われます。この時の補語には形容詞（動詞の過去分詞も含む）または名詞が置かれます。たとえば、Stay tuned.（チャンネルはこのままで）はテレビの司会者がよく使う表現ですが、「チャンネル（周波数）が合わせられた状態 (tuned) のまま継続する」という意味を表す第 2 文型の文になっています。同じ stay を使った文でも、stay (at) home（家にいる）のように

後に場所を表す副詞句が来ると第1文型になります。また、keep と remain は They kept 〔remained〕 silent.（彼らは黙ったままであった）のように用いられます。

③ become / get / turn タイプ「S は C に（変化して）なる」

　主語が補語の状態に（変化して）なることを表す場合、become、get、turn などの動詞が使われます。この時の補語には形容詞または名詞が置かれますが、状態の変化を表す get は名詞を置くことができないので注意しましょう。次の例文で確認しましょう。

> The band **is becoming** popular.　（そのバンドは人気を得つつある）
> He **got** sick.　（彼は気分が悪くなった）
> The light **turned** green.　（信号が青になった）

④ seem / appear / taste タイプ「S は C のようだ・〜のように見える」

　主語の印象を、感覚を通して「〜のようだ」と表す場合、seem、appear、feel、smell、taste などの動詞が使われます。たとえば、This wine tastes sour. は「このワインはすっぱい味がする」という、ワインに対する印象を伝えています。「〈名詞〉の味がする」と伝える場合は、taste of tomatoes（トマトの味がする）のように〈of +名詞〉で表します。また、「〈名詞〉のような味がする」と伝える場合は、taste like chocolate（チョコレートのような味がする）のように〈like +名詞〉で表します。名詞を直接続けて taste this wine とすると、「このワインの味をみる」という第3文型の文になるので注意しましょう。

 英文法で迫る

　下線部の主語は The British love of curry、動詞は is です。主語と動詞の間に長い挿入句が入っていることに注意しましょう。be 動詞の後に続く a relic of the time when ... は、主語の「イギリス人のカレー愛」の特徴を表す補語になっています。また、be 動詞が現在形になっていることから、この文は〈当面変わることのない事実〉を表していることがわかります。つまり、この文は、イギリス人がカレーを好んで食べるのは「…の頃からの名残」という特徴があること、さらに、それは仮定の話でも過去の話でもなく、変わることのない事実であると書き手がとらえていることを提示しているのです。

日本語訳

インドの植民地化後に（英国に）取り入れられ、口にあうようにされた料理であるカレーに対する英国人の愛情は、大英帝国に太陽が沈まなかった頃の名残である。だが、「カレー」という言葉は、インド料理の多様性をわざと見て見ぬふりをしていたことを反映していたのである。イギリスの歴史家が書いているように、カレーはヨーロッパ人がインドの食文化に押しつけたものであった。

① The British love of curry, a dish adopted and adapted after the colonization of India, is a relic of the time when the sun never set on the British Empire.

◉ The British を主語、次に出てくる love を動詞として読むと、love には目的語が必要であるにもかかわらず目的語となる名詞がなく、of curry が続いているので、別の可能性を考えながら読み進めます。

◉ コンマの後に a dish adopted が出てきますが、a dish を主語、adopted を動詞として読むことはできません。adopt は love と同じく他動詞で、後ろに名詞を伴うからです。そこで、この adopt は過去分詞の形容詞用法で、a dish を後ろから説明しているものとして考えます。同様に、adapted も過去分詞の形容詞用法で、a dish を後ろから説明しています。その後に after the colonization of India が続き、コンマで区切られているので、この部分は直前の curry を補足説明するために挿入された名詞句だと判断します。

◉ 読み進めると単数名詞を主語とする be 動詞の is が出てきます。挿入句を外して考えると、is の主語としてふさわしいものは love になります。この love は動詞ではなく名詞です。British は「イギリス人の」の意味の形容詞で、love を修飾しています。したがって、The British love of curry というカタマリを主語としてとらえることができます。

◉ 続く a relic of the time（その時代の名残）は is の補語で、when に続く節が a relic of the time を説明しています。世界中に植民地を広げていた 19 世紀の大英帝国は、「太陽の沈まない国」と言われていました。この表現は、もともとは 16 世紀のスペインがヨーロッパ、アフリカ、南米、アジアへと領土を拡大していた時のことを形容したことに由来します。

訳 インドの植民地化後に（英国に）取り入れられ、口にあうようにされた料理であるカレーに対する英国人の愛情は、大英帝国に太陽が沈まなかった頃の名残である。

```
The British love of curry , [a dish (adopted and adapted after the
  colonization of India)],
  is a relic of the time (when the sun never set <on the British Empire>).
```

② But the term "curry" reflected a deliberate ignorance of the diversity of Indian food.

💠 文頭に but を置くことは好まれないと言われますが、この文のように、近年の英語では文頭の but は正しい語法として確立しています。ただし、But, とすることはできません。

💠 主語は the term "curry" ですが、**curry が引用符（" "）に囲まれている**ことに注目しましょう。ここでは、curry は食べ物の「カレー」を意味しているのではなく、「記号」として curry という語自体を指しています。ある語句が記号のように用いられる場合、このように引用符で囲んで表記します。

💠 続く reflected が動詞で、a deliberate ignorance of the diversity of Indian food が目的語になっています。目的語の部分には of が2つありますが、それぞれのはたらきについて確認しておきましょう。まずは ignorance of the diversity の of から見ていきましょう。ignorance は他動詞の ignore の名詞形ですが、もとが他動詞なので名詞になっても目的語が必要になります。それが the diversity です。ただ、そのままだと名詞が連続してしまうので、それを避けるために of が挿入されて、ignorance of the diversity となったのです。次の the diversity of Indian food の of は、〈A of B〉で「B という範囲内での A」、すなわち〈限定〉や〈指定〉を表すはたらきをしています。

> 訳 だが、「カレー」という言葉は、インド料理の多様性に対する意図的な無知を反映していたのである。

③ As a British historian writes, curry was something that the Europeans imposed on India's food culture.

💠 接続詞の as は〈時〉〈比例〉〈様態〉〈理由〉〈譲歩〉を表します。ここでは、イギリス人の歴史学者が書いている「ように」という〈様態〉の意味でとらえておきます。

💠 主節は curry が主語で、was が動詞、something が補語になっています。something がどのようなものかについては、**関係代名詞の that** 以下で説明されています。「ヨーロッパ人がインドの食文化に押しつけたもの」とはどういうことでしょうか。実は、インドには「カレー」という料理はありません。インドでは「カレー」はスパイス料理の総称なのですが、イギリス人はこれをスパイス料理ではなく、小麦粉でルーを作ったり、牛肉を使ったりと、新たな手法で作った料理の名前に用いたのです。ちなみに、現在の日本のカレーは、明治時代に日本海軍に伝わったイギリスのカレーが原型だといわれています。

> 訳 イギリスの歴史家が書いているように、カレーはヨーロッパ人がインドの食文化に押しつけたものであった。

<As a British historian writes>,

curry was something (that the Europeans imposed <on India's food culture>).

17

3

動詞と文型（3）

①According to statistics, flying is twenty-nine times safer than traveling by car, eighteen times safer than staying at home, eight times safer than walking down the street, and four times safer than traveling by train. ②It is curious, therefore, that I constantly meet people who **describe** to me their flying experience as a life-threatening event. ③As I ask them to **explain** to me what happened in detail, I find out that they are over-reacting to what are normal parts of a safe flight.

（関西学院大学）

💭 第2文の describe と第3文の explain の目的語は何でしょうか？

 英文法が語ること　第3文型と第5文型

動詞の後に目的語が続く文（第3文型：SVO）

　〈主語〉と〈動詞〉の後に動作や行為の対象を表す名詞が続く文型を第3文型といいます。play という動詞を例に考えてみましょう。He plays. だけでは、何をするのかわかりませんよね。後に「野球 (baseball)」や「ピアノ (the piano)」といった、行為の対象を表す名詞を続けることで、はじめて意味が通じる文になるのです。baseball や the piano のように、動詞の後に来て、動作や行為の対象を表す名詞を〈目的語〉といいます。

他動詞と自動詞

　play のように、後ろに目的語を取る動詞を〈他動詞〉といいます。一方、第1文型や第2文型のように、後ろに目的語を取らない動詞を〈自動詞〉といいます。英語の多くの動詞は、自動詞と他動詞の両方の用法を持っているので、自動詞か他動詞かを判断することは、英語を読み解くうえでとても重要になります。動詞の前後の要素の品詞と意味をしっかり確認し、どちらの用法で使われているかを判断するようにしましょう。

動詞の後に目的語と補語が続く文（第5文型：SVOC）

　目的語の後に、その目的語の状態や性質を表す補語が続く文型を第5文型といいます。次の2つの英文を比べてみましょう。

　I **believe** Ken.（私はケンの言っていることを信じています）
　I **believe** Ken innocent.（私はケンが無実だと信じています）

　I believe Ken. は、I が主語、believe が動詞、Ken が目的語の第3文型の文です。では、I believe Ken innocent. はどうでしょうか。目的語の Ken の後ろに形容詞の

innocent が来ていますが、この innocent は、an innocent boy（無邪気な少年）のように名詞を前から修飾する使い方をしていません。ここでは、Ken と innocent が「ケンが無実だ」という主語と述語の関係になっています。このように、第5文型では、目的語と補語の間に主語と述語の関係があることに注意しましょう。第5文型の補語の位置に来るものには、形容詞、名詞のほかに、to 不定詞、動詞の原形、分詞（現在分詞・過去分詞）、〈前置詞＋名詞〉があります。

 英文法で迫る

第2文の describe の目的語は their flying experience、第3文の explain の目的語は what happened です。

describe は他動詞なので、目的語が必要となります。目的語になることができるのは名詞要素ですが、ここでは describe to me となっていて、名詞要素が describe の直後にはありません。そこで、〈describe O to 人〉（人に O の特徴を述べる、説明する、話す）という形をとることを思い出し、〈O to 人〉の O が後ろに移動しているのでは？と考えて読みましょう。そうすると、their flying experience (as a life-threatening event) という名詞句が出てくるので、これが目的語であることがわかります。

同様に、explain も explain to me となっていますが、〈explain O to 人〉（人に O を説明する）の O が後ろに移動していると気づけば、目的語が what happened だとわかりますね。

目的語は、ふつう動詞の直後に置かれますが、目的語の情報が多い場合には、読みやすくするために文末に移動させることがあります。このような工夫を〈文末重点〉といいます。この移動に気づくには、describe や explain が他動詞で、後に目的語が続く、第3文型を作る動詞であるという知識が必要です。この知識があれば、describe の直後に前置詞句が来ているのを見て、「あっ、これは目的語が後ろに移動されているな」と予測しながら読むことができるようになります。

日本語訳

統計によると、飛行機での移動は車で移動するよりも 29 倍、家にいるよりも 18 倍、道を歩くよりも 8 倍、電車で移動するよりも 4 倍安全である。それゆえ、命を脅かすような出来事として飛行機での移動の経験を語る人にしょっちゅう出会うのは不思議なことだ。何が起こったのかくわしく説明してもらうと、彼らは安全なフライトの当たり前のことに過剰に反応していることがわかるのである。

① According to statistics, flying is twenty-nine times safer than traveling by car, eighteen times safer than staying at home, eight times safer than walking down the street, and four times safer than traveling by train.

◎ According to ～は「～によると」という情報源を表す表現です。statistics は複数扱いで「統計」という意味を表します。

◎ flying は動名詞で「飛ぶこと」という意味ですが、ここでは「飛行機に乗って移動すること」という意味を表しています。

◎ twenty-nine times safer than traveling by car は、〈A is X times –er than B.〉（A は B の X 倍～だ）という比較の形をとっています。「A は B の X 倍～だ」ということを表す倍数表現には、このほかに〈A is X times as 原級 as B.〉があります。

◎ eighteen times safer than staying at home, eight times safer than walking down the street, and four times safer than traveling by train は、〈A, B, C, and D〉という形で twenty-nine times safer than traveling by car と並列の関係になり、情報が列挙されています。下の構造図で確認しておきましょう。

訳 統計によると、飛行機での移動は車で移動するよりも 29 倍、家にいるよりも 18 倍、道を歩くよりも 8 倍、電車で移動するよりも 4 倍安全である。

〈According to statistics〉,

<u>flying</u> is   twenty-nine times safer 〈than traveling by car〉,　　… (A)

eighteen times safer 〈than staying at home〉,　　… (B)

eight times safer 〈than walking down the street〉,　　… (C)
and

four times safer 〈than traveling by train〉.　　… (D)

---

② It is curious, therefore, that I constantly meet people who describe to me their flying experience as a life-threatening event.

◎ It is curious that S+V の it は、that 以下を指す形式主語で、「…だということは奇妙である、不思議だ、予期せぬことだ」という意味を表します。

◎ therefore は、前に述べられたことがらを受けて、「それゆえに、したがって、その結果」という意味になります。ここでは、第1文の「自動車、徒歩、電車での移動や、家に

いるよりも飛行機での移動が安全である」という統計があり、それをふまえて筆者が「不思議だ」と思うことが続くのだろうと予測しながら読み進めます。

- constantly は副詞で、動詞を修飾し「しょっちゅう〜する」という意味を表します。

- people who describe to me their flying experience は、who で始まる関係代名詞節が先行詞 people を修飾しています。their flying experience が describe の目的語です。

- as a life-threatening event の as は、「〜として」という意味の前置詞で、前の flying experience を説明しています。

> 訳 それゆえ、命を脅かすような出来事として飛行機での移動の経験を語る人にしょっちゅう出会うのは不思議なことだ。

③ As I ask them to explain to me what happened in detail, I find out that they are over-reacting to what are normal parts of a safe flight.

- As I ask them to explain の as は、「〜する時の、〜してみると」という意味の接続詞です。〈ask +人+ to do〉は、「人に〜するように頼む」という意味の頻出表現です。

- what happened が他動詞 explain の目的語です。この what は疑問詞で、「何が起こったのか」という意味になります。

- in detail は「詳細に」という意味の副詞句で、ここでは explain を修飾しています。

- find out は「（調べて）〜を見つけ出す、確かめる」という意味の他動詞で、that 節や wh 節が後に続くと「…ということがわかる」という意味を表します。

- they are over-reacting の they は、「飛行機に乗っていて危険な思いをした人たち」を受けています。over-react は「過剰に反応する」という意味の自動詞です。

- what are normal parts of a safe flight の what は関係代名詞です。関係代名詞の what は、先行詞を含んで、関係詞節の中で主語・目的語・補語としてはたらきます。ここでは、主語としてはたらき「〜であるもの〔こと〕」という意味になります。全体では「安全なフライトの当たり前であること」という意味になります。この関係詞節は前置詞 to の目的語になっています。

> 訳 彼らに何が起こったのかくわしく説明してもらうと、彼らは安全なフライトの当たり前のことに過剰に反応していることがわかるのである。

動詞と文型（4）

①Near the end of J. D. Salinger's *The Catcher in the Rye* (1951), the novel's hero <u>Holden Caulfield buys his sister Phoebe a ticket to the carousel in the park</u> and watches her ride it. ②It begins to rain, and Holden — having spent most of the book in some form of anxiety, disgust or depression — now nearly cries with joy.

（慶應義塾大学）

* carousel：回転木馬　　disgust：嫌悪感

 下線部を Holden Caulfield buys a ticket to the carousel in the park for his sister Phoebe と書き換えた場合、意味の違いは生じますか？

A-Z **英文法が語ること**　**第 4 文型**

動詞の後に目的語が 2 つ続く文（第 4 文型：SVOO）

まず、次の文の意味を考えてみましょう。

Will you take her flowers?

　この文は、2 通りの解釈ができます。1 つめの解釈は「彼女の花を持っていってください」です。take の後に her flowers という目的語が続いている第 3 文型の文ですね。一方、her を所有格ではなく目的格ととらえると、take の後に her と flowers という 2 つの目的語が続いていると考えることができます。このように、動詞の後に 2 つの目的語が続く文型を第 4 文型といいます。動詞の直後に来る目的語を〈間接目的語〉、その後に続く目的語を〈直接目的語〉といいます。間接目的語を A、直接目的語を B とすると、ふつう「A に B を〜する」という意味になり、「彼女に花を持っていってください」と解釈できます。主に第 4 文型を作る動詞としては、次のようなものがあります。

〈グループ A〉
bring（A に B をもたらす）、give（A に B を与える）、lend（A に B を貸す）、tell（A に B を伝える）、teach（A に B を教える）、send（A に B を送る）、show（A に B を見せる）、write（A に B を書く）

〈グループ B〉
buy（A に B を買う）、get（A に B を取ってやる）、make（A に B を作る）、find（A に B を見つけてやる）、save（A に B を取っておく）、cook（A に B を料理する）

　これらの動詞は、人に何かを与えたり、伝えたりする意味を持つことから〈授与動詞〉と呼ばれます。

第4文型と第3文型の意味の違い

授与動詞は、A と B の語順を変えて〈動詞＋ B ＋前置詞＋ A〉という第3文型の形を取ることもできます。その場合、単語によって前置詞が異なるので注意しましょう。〈グループA〉は〈動詞＋ B ＋ <u>to</u> ＋ A〉、〈グループ B〉は〈動詞＋ B ＋ <u>for</u> ＋ A〉となります。

また、授与動詞が第4文型で使われると、A と B の間に〈所有〉の関係が含まれますが、前置詞を使った第3文型の場合には〈所有〉の関係が明らかにされません。次の例文で考えてみましょう。

(1) I sent <u>her a letter</u>.

(2) I sent <u>a letter</u> to <u>her</u>.

(1) は、「彼女が手紙を受け取っている」ことを前提とした文になります。一方、(2) は「手紙を送った」という事実が述べられているだけであり、彼女が手紙を受け取ったかどうかはわかりません。

 英文法で迫る

下線部は第4文型になっているので、間接目的語と直接目的語の間に〈所有〉の関係が含まれることに注目して考えてみましょう。本文は Holden Caulfield buys his sister Phoebe a ticket to the carousel in the park となっていますが、ポイントがわかりやすくなるよう、以下の例文で考えてみます。

(1) Holden bought <u>Phoebe a ticket</u>.

(2) Holden bought <u>a ticket for Phoebe</u>.

(1) は Phoebe が間接目的語、a ticket が直接目的語になっているので、Phoebe と a ticket の間に所有の関係があります。つまり、ホールデンがフィービーにチケットを買った、そしてそのチケットはフィービーが所有している、という意味になります。一方、(2) は第3文型の文です。この場合、「フィービーのためにチケットを買った」という意味になり、フィービーが実際にチケットを受け取ったかどうかはわかりません。このように、第4文型を第3文型に書き換えると、所有の関係が表せなくなり、意味に違いが生じてしまいます。下線部は、第4文型で書かれているからこそ、ホールデンが買ったチケットをフィービーに手渡していることがわかり、フィービーがチケットを持っているからこそ、次に watches her ride it (彼女がそれに乗るのを見る) が続いているとわかるのです。

J.D. サリンジャーの『ライ麦畑でつかまえて』(1951) の終わり近くで、小説の主人公の ホールデン・コールフィールドは、妹のフィービーに公園の回転木馬のチケットを買って やり、彼女がそれに乗るのを見る。雨が降り始め、ホールデンは、小説の大部分を何か しらの不安、嫌悪感、憂鬱を抱えて過ごしてきたが、今や喜びで泣きそうになる。

英文を読み解く

① Near the end of J. D. Salinger's *The Catcher in the Rye* (1951), the novel's hero Holden Caulfield buys his sister Phoebe a ticket to the carousel in the park and watches her ride it.

◎ 文頭に副詞的要素の Near the end of J. D. Salinger's *The Catcher in the Rye* (1951) が置かれています。これは、後述する内容の場面設定の役割を果たしています。

◎ Near the end of ～は「～の終わり近くで」という意味を表します。*The Catcher in the Rye* が斜体（イタリクス）になっているのは、本のタイトルであることを表すためです。日本語では二重かぎ括弧に入れて『ライ麦畑でつかまえて』と表記します。その後ろの (1951) は出版年を表しています。

◎ the novel's hero Holden Caulfield 以下では、『ライ麦畑でつかまえて』の終わり近くの場面について言及されています。

◎ the novel's hero Holden Caulfield が主語で、buys が動詞です。物語のあらすじを書く場合、基本的に動詞の現在形が使われます。その後ろの his sister Phoebe が間接目的語で、a ticket to the carousel in the park が直接目的語になっています。

◎ and は等位接続詞で、buys his sister Phoebe a ticket ... と watches her ride it を結びつけています。

◎ watch は知覚動詞で、〈watch O C〉という第5文型を取り、補語には動詞の原形や分詞が来ます。ここでは、her が目的語、ride it が補語になっています。補語に来る動詞が他動詞の場合、その目的語もひとまとめにして補語としてとらえましょう。つまり、ここでは他動詞の ride の後に目的語 it が続いているので、ride it をひとまとめにしてとらえます。

訳 J.D. サリンジャーの『ライ麦畑でつかまえて』(1951) の終わり近くで、小説の主人公のホールデン・コールフィールドは、妹のフィービーに公園の回転木馬のチケットを買ってやり、彼女がそれに乗るのを見る。

<Near the end of J. D. Salinger's *The Catcher in the Rye* (1951)>,

| the novel's hero Holden Caulfield | buys his sister Phoebe a ticket <to the carousel> <in the park> and watches her ride it. |

② It begins to rain, and Holden — having spent most of the book in some form of anxiety, disgust or depression — now nearly cries with joy.

◎ It begins to rain の It は、天候を表す it です。

◎ and Holden — having と続きますが、ダッシュ以下は挿入だととらえて読み進めていきます。 2つめのダッシュに続いて now nearly cries が出てきたところで、Holden が主語で cries が動詞だということがわかります。

◎ ダッシュではさまれた挿入部分は分詞構文になっています。having spent という〈have ＋過去分詞〉の形（完了形）になっているのは、主節の動詞の時制よりも前のことであることを表すためです。

◎ most of the book は「小説の大部分」、in some form of は「何かしらの～」という意味ですので、挿入部分全体では「小説の大部分をホールデンはこれまで何かしらの不安、嫌悪感、憂鬱の中で過ごしてきた」となります。不安や嫌悪感を抱いていたのは過去のことであり、今はそれがなくなっている、ということを表しています。

◎ now nearly cries with joy の nearly は「ほとんど、もう少しで」という意味の副詞で、動詞を修飾しています。ホールデンは喜びで泣いているのではなく、「喜びのあまり泣きそうになっている」ということを表しています。

訳 雨が降り始め、ホールデンは、小説の大部分を何かしらの不安、嫌悪感、憂鬱の中で過ごしてきたが、今や喜びで泣きそうになる。

It begins to rain,
　and
Holden < − having spent most of the book in some form of [anxiety, disgust or depression] − >

　　　　now nearly cries <with joy>.

📖 読書案内 『幸福な王子』

『幸福な王子』（*The Happy Prince*）（1888 年）は、アイルランド生まれの作家、オスカー・ワイルド（Oscar Wilde, 1854-1900）の短編小説で、戯曲『サロメ』（*Salomé*）と並ぶ有名な作品です。子供向けに書かれた物語ですが、物語最後に「死」が描き出されることもあり、「幸福」とはいったいどのようなものだろうかと考えさせられます。

あらすじ ◆

　ある街の柱に「幸福な王子」と呼ばれる像が立っていました。この像は、かつてこの国で幸せな生活を送っていたが、若くして亡くなった王子を記念して建てられました。美しい王子の目はブルーサファイア、腰の剣は真っ赤なルビー、体は金箔で包まれ、心臓は鉛でできています。像になった王子は、初めて目にする貧しい人々や不幸な人々に心を痛めています。

　エジプトに行く前に寝る場所を探していた渡り鳥のツバメが、偶然王子の像で一休みしようと、足元にとまりました。王子はツバメに、ここから見える不幸な人たちに自分の宝石を渡してきてほしいと頼み、ツバメは王子の依頼に応えますが、常にエジプトへ向かうことを考えています。目を失い、体中の金箔も人々に分け与え、王子の像はみすぼらしくなってしまいました。ツバメはエジプトに行くことをあきらめ、王子といっしょにいることにしました。しかし、渡り鳥のツバメは寒さに弱く、衰弱していきます。最後に、王子の唇にキスをし、息絶えたのです。同時に、王子の鉛の心臓が音を立てて二つに割れるのでした。

◆

　自己犠牲と愛の物語として読むことができるだけではなく、政治家や金持ちたちへの皮肉が所々に見られる作品です。そして、流れるように、音楽的なリズムで構成された文章によって、情景が美しく描き出されます。ワイルドの作り出す美しい言葉の響きを感じ取りながら読んでもらいたいと思います。

❝ *The ruby shall be redder than a red rose, and the sapphire shall be as blue as the great sea.*

（ルビーは赤いバラよりももっと赤くなるだろう、それから、サファイアも大海原と同じぐらいに青くなるだろう）

第 2 章

名詞・代名詞で迫る

英語の名詞は、単数形か複数形か、可算名詞か不可算名詞か、冠詞が付いているか付いていないかなどで、使い方や意味が変わってきます。ここでは、名詞と代名詞の用法を整理し、それぞれどのような意味を表すのかを学んでいきましょう。

①What did Neil Armstrong really say when he took his first step on the moon?

②Millions on Earth who listened to him on TV or radio heard this: "(a)That's one small step for **man**, one giant leap for mankind."

③But after returning from space, Armstrong said that wasn't what he had planned to say. ④He said there was a lost word in his famous one-liner from the moon: "(b)That's one small step for **'a' man**. It's just that people just didn't hear it."

(AP 通信)

* one-liner：気の利いた言い回し

> **❓** 下線部(a)の man の意味は、下線部(b)の a man とどう違うでしょうか？

 英文法が語ること　　**名詞と冠詞**

　名詞（句）の先頭に置かれる冠詞の種類や冠詞の有無を意識することは、英文を深く読み解くうえで非常に重要になります。まず冠詞の基本的なはたらきを確認しておきましょう。

┃ 不定冠詞 a / an のはたらき

① 聞き手や読み手にとって新しい情報として提示する場合：不定冠詞の a / an は可算名詞の前に置かれて、「(ある) 1つの」という意味を表します。

　I know **a good restaurant** for dinner. (ディナーにもってこいのレストランを知っています)

　この文からは聞き手や読み手は具体的にどこのレストランであるかを特定できません。そのため、この次に「どんなレストランなのか」という情報が提示されると予測できます。

② 種類 (全体) や一般的な性質を表す場合

　A dog is a faithful animal. (犬というのは忠実な動物です)

③「1つの」「1回の」を表す場合

　Rome was not built in **a day**. (ローマは1日にして成らず)

┃ 定冠詞 the のはたらき

① 情報共有の the：次の例文で sun と east に the が付いているのは、「太陽」と「東」が誰もが知っているものだからです。このように、「書き手と読み手で情報を共有しているもの」については the を用います。

The sun rises in **the** east. (太陽は東から昇る)

② 限定の the：次の例文では、the を付けることで、世の中にたくさんいる「男性」の中から「全身黒づくめの男」と「男性」を限定・特定しています。

The man in black is looking at us. (黒づくめの男が私たちを見ている)

| 冠詞の有無で生じる意味の違い

次の2つの文の違いを考えてみましょう。

(1) **The** TV doesn't work. (そのテレビはつきません)
(2) My father was on TV last night. (私の父が昨晩、テレビに出た)

(1) の the TV は、受像機としての「テレビ」を指します。一方、(2) の TV は、受像機としてのテレビではなく「放送」という意味を表します。このように、可算名詞の単数形を無冠詞で使うと、「1つの」「1人の」という輪郭のある具体的な個体を表すことができず、抽象的な「もの」「ひと」という意味になることに注意しましょう。

 英文法で迫る

man という可算名詞に不定冠詞が付くと、「ひとりの人間」という意味になります。一方、無冠詞で使うと、「ひとりの人間」という明確な輪郭のある個体を表すことができず、抽象的な「ひと」「人類」という、後に出てくる mankind と同じ意味になります。

これはアメリカの宇宙船アポロ11号のアームストロング船長が、1969年に人類初の月面着陸をした時の言葉です。この文では、アームストロングは「私は 'a' man と言った、みんなが聞こえなかっただけだ」と主張していますが、この言い間違いから30年後、当時の録音を本人が聞き、不定冠詞の a が抜けていることを確認したのです。たったひとつの冠詞が30年も人々を悩ませることもあるのですね。

日本語訳

ニール・アームストロングが月面への第一歩を踏み出した時、本当は何と言ったのだろうか？ テレビやラジオで彼の声を聞いていた地球上の何百万もの人が次のようなことを耳にした。
「これは人類 (man) にとっては小さな一歩だが、人類にとっては大きな飛躍だ」
しかし、宇宙から帰還したアームストロングは、それは自分が言おうとしていたことではなかったと語った。月からの有名な一節の中には、失われた1語があると言った。「これは「1人の」人間 ('a' man) にとっては小さな一歩だ。それはつまり、人々にはそれ (a) が聞こえなかっただけなのだ」と。

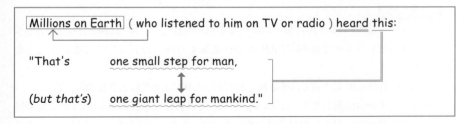

英文を読み解く

① What did Neil Armstrong really say when he took his first step on the moon?

◉ really は say を修飾する副詞です。

◉ take one's first step on ～は「～に第一歩を踏み出す」という意味です。実際に足を踏み出すことだけでなく、take the first step on the road to my new future（私の新しい未来への道の第一歩を踏み出す）のような比喩的な使い方もあります。

> 訳 ニール・アームストロングが月面への第一歩を踏み出した時、本当は何と言ったのだろうか?

② Millions on Earth who listened to him on TV or radio heard this: "That's one small step for man, one giant leap for mankind."

◉ who listened to him on TV or radio は、主語の Millions on Earth（地球上の何百万の人たち）を先行詞とする関係代名詞節です。

◉ heard が動詞、this が目的語です。hear は「耳に入る」というニュアンスで、「（意識していなくても）聞こえる」という意味で使われます。this は「次のように」という意味で、これから述べることを予告する時に使われます。

◉ That's one small step の That は、いま月面に降り立ったという状況やことがらを指しています。for man の man に冠詞がないことで、「人類にとって小さな一歩」という誤解を生んでしまいました。

◉ one giant leap for mankind は、前に but that's を補って読みます。前の That's one small step for man と対比されていて、「だが、人類にとっては大きな飛躍である」という意味になります。

> 訳 テレビやラジオで彼の声を聞いていた地球上の何百万もの人が次のようなことを耳にした。「これは人類（man）にとっては小さな一歩だが、人類にとっては大きな飛躍だ」

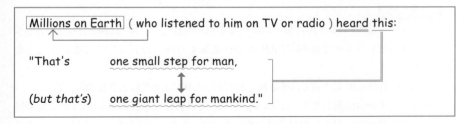

30

③ But after returning from space, Armstrong said that wasn't what he had planned to say.

💠 after は前置詞で、returning from space という動名詞句が後に続いています。

💠 Armstrong said that ... の that を節を導く接続詞だと考えて読み進めると、wasn't の主語がなくなってしまいます。また、先行詞がないので、関係代名詞でもありません。この that は「それ」という意味の指示代名詞で、「自分が月面で言った言葉」を受けています。Armstrong said (that) that wasn't ... のように、接続詞の that が省略されていると考えましょう。

💠 what he had planned to say の what は関係代名詞で、to say の目的語に当たります。had planned と過去完了になっているのは、「話そうと思っていた」ことは「実際に月面で話した」より前のことだということを表すためです。

> 訳 しかし、宇宙から帰還した後、アームストロングは、それは自分が言おうとしていたことではなかったと語った。

④ He said there was a lost word in his famous one-liner from the moon: "That's one small step for 'a' man. It's just that people just didn't hear it."

💠 He said の直後に there was a lost word ... という完全な文が続いているので、接続詞の that が省略されていることがわかります。

💠 there was a lost word の lost は「失われた」という意味の形容詞です。a lost word はひとかたまりの名詞句で、不定冠詞 a は「(ある) ひとつの」(=one) の意味を表します。

💠 コロン (:) は、実際にアームストロングが述べた言葉を直接話法で引用するために使われています。

💠 That's one small step for 'a' man. の 'a' に注目しましょう。第2文の man を a man にすることで、はじめて「1人の人間」「1人の男」という意味になるのです。

💠 It's just that ... は「ただ単に…というだけである」「それはつまり…ということである」という意味で、先行する文脈に対して、that 以下でその真相や実情を説明したり、自分の考えを提示したりするために使われます。

💠 people just didn't hear it の it は、'a' という単語を受けています。つまり、この 'a' がアームストロングの言う a lost word (失われた1語) だったのです。

> 訳 彼は、月からの有名な一節の中には失われた1語があると言った。「これは「1人の」人間 ('a' man) にとっては小さな一歩だ。単に人々にはそれ (a) が聞こえなかっただけなのだ」

①The end of the year saw promising news − news of effective vaccines. ②<u>Two vaccines, **one** made by the U.S. company Pfizer and Germany's BioNtech, and **another** by Moderna</u>, have been approved for emergency use by the U.S. Food and Drug Administration. ③Officials have announced the goal of vaccinating at least 20 million Americans by the end of the year.

* Pfizer：ファイザー社　BioNtech：バイオンテック社　Moderna：モデルナ社　officials：当局

文脈 VOA Learning English に掲載された、2020 年の健康とライフスタイルを振り返る記事の一節です。

❓ **下線部で、one に対して another が使われているのはなぜでしょうか？**

 英文法が語ること　**one / another / other**

　代名詞の one にはさまざまな用法があり、英文を読み解く時のカギになることもあります。ここでは another や other とともに one の基本的な用法を確認しておくことにします。

｜ one と another / the other / the others

　one は「同じ種類のもののうちの1つ」を表します。同じ種類のもののうちの「いくつか」であれば some を使います。

　another は「同じ種類のもののうち、別のもう1つ」を表します。another は、他にも同種のものが存在している可能性を含意しています。

　the other は「2つの中でもう1つのもの」を、the others は「3つ以上の中で残りのもの全部」を表します。

第1章

第2章

第3章

第4章

第5章

第6章

第7章

第8章

第9章

第10章

one と it の違い

one と it はともに「1 つのもの」を指しますが、one は特定のものを指さない場合に使われ、it は特定のものを指す場合に使われます。次の 2 つの例文で確認してみましょう。

(1) I've left my pencil at home. Can anybody lend me **one**?
（鉛筆を家に忘れてしまいました。誰か 1 本貸してもらえませんか？）

(2) You've got a new smartphone. Could you show **it** to me?
（新しいスマートフォンを手に入れたんですね。私に見せていただけませんか？）

(1) の one は a pencil のことで、前に出てきた pencil と同種のものの 1 つを指しています。一方、(2) の it は the〔your〕smartphone のことで、前の a new smartphone と同じものを指します。

総称的に「人」を表す one

one は、総称的に「人」を表すこともできます。人々の中から 1 人（one）を取り出すことで、「どの人でも」「一般の人たち」すべてを表すというイメージです。

One can answer this question easily.（誰でもこの問題は簡単に解くことができる）

 英文法で迫る

　下線部の one と another は、主語の Two vaccines（2 つのワクチン）を受けているので、「2 つのうちの 1 つ」という意味の the other を用いるのがふつうです。では、なぜあえて another を使っているのでしょうか。one と the other がセットで使われる時は「全部で 2 つしかない」という前提が存在します。そのため、ここで the other を用いると、「米国のファイザー社とドイツのバイオンテック社が製造したワクチンと、モデルナ社が製造したワクチンの 2 つしか存在しない」という意味になってしまいます。しかし、実際には、さまざまな企業がワクチンの開発を行っているため、他のワクチンもあります。そのため、「ここでとりあげた企業以外のワクチンもある」という含みを持たせるために、another が使われていると考えられます。

日本語訳

年末には希望が持てるニュース─有効なワクチンのニュース─もありました。米国のファイザー社とドイツのバイオンテック社が製造したワクチンと、モデルナ社が製造したワクチン、この 2 種類のワクチンが米国食品医薬品局（FDA）によって緊急時の使用が承認されたのです。当局は、年末までに少なくとも 2,000 万人のアメリカ人にワクチンを接種するという目標を発表しています。

① The end of the year saw promising news – news of effective vaccines.

◉ The end of the year が主語で、saw が動詞、promising news が目的語です。see は主語に時代や場所を表す語句が来ると「〜時代に〔〜の場所で〕…がある〔起きる、経験する〕」という意味を表します。ここでは「今年の終わりに…があった」という意味になります。

◉ promising news の promising は「前途有望な、見込みのある」という意味の形容詞です。

◉ ダッシュ（—）は、前の言葉を補足する役割があります。ここでは、後に続く news of effective vaccines が、前に出てきた promising news がどのようなものであったのかを説明しています。

◉ effective は「効果的な」「有効な」「効き目のある」という意味の形容詞です。affective「感情の」「情緒の」と混同しないよう注意しましょう。

◉ vaccines と複数形になっていることからも、少なくともここでとりあげている２つ以上のワクチンの存在が前提になっていることがわかります。

訳 年末には希望が持てるニュース—有効なワクチンのニュース—がありました。

② Two vaccines, one made by the U.S. company Pfizer and Germany's BioNtech, and another by Moderna, have been approved for emergency use by the U.S. Food and Drug Administration.

◉ 主語は Two vaccines で、動詞は have been approved です。その間に one made by the U.S. company Pfizer and Germany's BioNtech, and another by Moderna が挿入されています。

◉ one made by the U.S. company Pfizer and Germany's BioNtech の made は、動詞の過去形ではありません。make は目的語が必要な他動詞ですが、ここでは by 〜という前置詞句が続いているので、「（〜によって）作られた」という意味の過去分詞であるとわかります。one を後ろから修飾する形容詞的なはたらきをしています。

◉ and another by Moderna は、another と by の間に made が省略されています。

◉ have been approved と現在完了形になっているのは、「すでに承認されている」ということを伝えるためです。そして、「今後も他のワクチンが承認される可能性がある」ことも読み取ることができます。

● approve は〈approve A for B〉の形で「A を B として認める」という意味を表します。ここでは、A の部分にあたる Two vaccines が主語になった受動態の文になっています。

● for emergency use の use は「使用」という意味の名詞です。

> 訳 2種類のワクチン―1つは米国のファイザー社とドイツのバイオンテック社が製造したワクチンで、もう1つはモデルナ社が製造したワクチン―の緊急時の使用が米国食品医薬品局によって承認されました。

```
Two vaccines , one (made by the U.S. company Pfizer and Germany's BioNtech),
                        and
              another ((made) by Moderna),
    have been approved <for emergency use> <by the U.S. Food and Drug
    Administration>.
```

③ Officials have announced the goal of vaccinating at least 20 million Americans by the end of the year.

● Officials が主語、have announced が動詞、the goal of vaccinating が目的語です。ここでも現在完了形になっており、「ちょうど発表したところだ」という感じが伝わってきますね。全体では「当局はワクチン接種の目標を発表したところだ」という意味になります。

● at least は「少なくとも〜」という意味を表します。反対の意味を持つ at most（最大でも、せいぜい〜）も押さえておきましょう。

● 20 million の million は「100 万」という意味なので、20 × 100 万 = 2,000 万になります。桁数の多い数字の表現に慣れるようにしましょう。ちなみに、100 million は「1 億」、1 billion は「10 億」です。日本の人口はおよそ 1 億 2,600 万人ですので、英語にすると 126 million となります。

● by the end of the year の by は〈期限〉を表し、「年末までには」という意味になります。by と until を混同しないよう注意しましょう。by は「ある時までに」動作・状態が完了すること、until は「ある時までずっと」動作・状態が継続することを表します。たとえば、He will be here **by** noon. は「彼は正午までにはここに来るだろう」という意味に、He will be here **until** noon. は「彼は正午までここにいるだろう」という意味になります。

> 訳 当局は、年末までに少なくとも 2,000 万人のアメリカ人にワクチンを接種するという目標を発表しています。

7

再帰代名詞

①I had started my own venture and printed my own business cards. ②My father looked at the card and then at me and said, "<u>You can't just call **yourself** president</u>." ③In his experience, you had to wait for someone else to promote you to a leadership role. ④You couldn't appoint yourself.

(Tina Seelig, What I Wish I Knew When I Was 20)

文脈　自分の会社を立ち上げた「私」は、Tina L. Seelig, President（社長）と書かれた名刺を作り、会社役員の経験を持つ父に見せました。その名刺を見た父の反応です。

　下線部の yourself を you に置き換えることは可能でしょうか？

英文法が語ること　　再帰代名詞

　再帰代名詞は、人称代名詞の所有格 (my, our, your) や目的格 (him, her, them, it) に -self（複数形は -selves）がついた代名詞で、「〜自身」という意味を表します。再帰代名詞には主語と同じものを指すはたらきがあり、〈再帰用法〉と〈強調〉の2つの用法で使われます。英文中になぜ再帰代名詞が使われているのかを意識できるように、2つの用法についてしっかりと確認しておきましょう。

主語の行為が主語自身に生じることを表す（再帰用法）

　主語の行為が主語自身に生じる場合、他動詞や〈自動詞＋前置詞〉の目的語には、主語と同じものを指す再帰代名詞が用いられます。人称代名詞の目的格との違いを、次の例文で見てみましょう。

(1) He looked at **himself** in the mirror.（彼は鏡に映る自分の姿を見た）
(2) He looked at **him** in the mirror.（彼は鏡に映るその男を見た）

　(1) では、鏡に映っているのは主語の He です。一方、(2) では、鏡に映っているのは主語の He とは別の男性ということになります。

　再帰代名詞は「〜自身」という意味ですが、わざわざそのように訳さなくてもよい場合もあります。例文で確認しましょう。

When did you <u>hurt **yourself**</u>?（いつけがをしましたか？）

　hurt（〜を傷つける）の目的語に再帰代名詞が使われているので、「自分自身を傷つける」すなわち「けがをする」という意味になります。同じような例も見ておきましょう。

I really <u>enjoyed **myself**</u> at the party.（パーティーはとても楽しかったです）

He <u>excused **himself**</u> with a small bow that included each of us in turn.
（彼は私たち一人ひとりに順番に軽くおじぎをして席を立った）

Please <u>make **yourself**</u> at home.（どうぞ、おくつろぎください）

▌強調を表す用法

再帰代名詞には、名詞や代名詞の後ろに置いて、その名詞や代名詞を強調する用法もあります。この場合は「自分で」「〜自身が」と訳し、同格として用いられます。

I want <u>you **yourself**</u> to answer this question.
（私はあなた自身にこの問題について答えてもらいたい）

<u>He **himself**</u> made a cup of coffee.（彼は自分自身でコーヒーを入れた）

ちなみに、2つ目の文で himself を動詞の後ろに移動させて He made himself a cup of coffee. とすると、「彼は自分が飲むためにコーヒーを入れた」という再帰用法の意味になります。

 ## 英文法で迫る

You can't just call yourself president. の yourself を you に置き換えることはできません。You can't just call you president. としてしまうと、「あなたは（主語とは別人の）あなたを社長と呼ぶことができない」という、不自然な意味になってしまいます。ここは「自分が社長であると自ら名乗ることができない」という意味なので、yourself にする必要があるのです。

ちなみに、次の文の意味の違いはわかりますか?

(1) She calls <u>**her**</u> Nancy.
(2) She calls <u>**herself**</u> Nancy.

(1) は「彼女は（主語とは別人の）彼女をナンシーと呼びます」、再帰代名詞を含んだ (2) は「彼女は自分自身をナンシーと呼びます」という意味になることは、ここで学んだことを活かせばすぐにわかりますね。

日本語訳

私は自分のベンチャー事業を起こし、名刺を印刷しました。父はその名刺を、その次に私を見てから「自ら社長とただ単に名乗ることなんてできないのだよ」と言いました。彼の経験からしてみれば、他の誰かが自分を指導的な役割に昇進させるのを待たなければならないということでした。自分で自分自身を任命することはできないということなのです。

① I had started my own venture and printed my own business cards.

◐ I had started と過去完了形になっているのは、父親に名刺を見せた時より前のことだからです。

◐ my own venture は〈人称代名詞の所有格＋ own ＋名詞〉という形をとっています。この形は、再帰代名詞の強意用法と同じ意味になります。再帰代名詞には所有格がないので、代わりにこの形で強意を表すことになります。たとえば、He has his room. を「彼専用の部屋」と言いたい場合は、He has **his own room**. (=He has a room of his own.) のようにします。

◐ and printed my own business cards の and は、前の文の started と printed を結んでいると考えます。my own business cards は〈人称代名詞の所有格＋ own ＋名詞〉の形を用いた強意表現になっています。

訳 私は自分のベンチャー事業を起こし、自分の名刺を印刷しました。

② My father looked at the card and then at me and said, "You can't just call yourself president."

◐ and then（そして、それから）は、〈A and then B〉の形で、A の後に B が生じたというように時系列を明確にします。ここでは、A が My father looked at the card、B が at me になります。at me の前には my father looked が省略されています。

◐ You can't just call yourself president. は、〈call O C〉という第 5 文型になっており、目的語は yourself、補語は president です。just は「単に」という意味の副詞です。

訳 父はその名刺を、その次に私を見てから「自ら社長とただ単に名乗ることなんてできないのだよ」と言いました。

My father looked <at the card>
　　and then
(my father looked) <at me>
　　　　and
　　　said, "You can't just call yourself president."

③ In his experience, you had to wait for someone else to promote you to a leadership role.

⚙ In his experience は「彼の経験からしてみれば」という意味です。

⚙ you が主語、had to wait が動詞です。この you は、聞き手や読み手を含む一般的な人を表します。

⚙ wait for someone else to promote you to a leadership role は、〈wait for A to *do*〉「A が〜するのを待つ」の A に someone else が来ています。〈promote 人 to A〉は「人を A の地位につける、昇進させる」という意味で、ここでは、「その人を指導的な役割に昇進させる」という意味になります。promote you の you も、聞き手や読み手を含む一般的な人を表します。 yourself にしてしまうと、「自分自身」となり、意味的におかしくなってしまいます。

訳 彼の経験からしてみれば、他の誰かが自分を指導的な役割に昇進させるのを待たなければならないということでした。

<In his experience>,
you had to wait <for someone else> <to promote you <to a leadership role>>.

④ You couldn't appoint yourself.

⚙ 〈appoint 人 A〉は「人（職・職員）を A（組織の要職）に任命する」という意味です。ここでは A に当たる部分は president ですが、文脈上理解できるので省略されています。

訳 自分で自分自身を任命することはできないのです。

You couldn't appoint yourself (*president*).

8

冠詞の位置

①I do not vouch for the truth of this story but it was told me by a professor of French literature at an English university and <u>he was a man of **too high a character**</u>, I think, to have told it to me unless it were true. ②His practice was to draw the attention of his students to three French writers who in his opinion combined the qualities that are the mainsprings of the French character.

(Somerset Maugham, Appearance and Reality)

* vouch for 〜 :〈事・人〉を保証する

 下線部の **too high a character** とはどのような意味でしょうか？

A-Z 英文法が語ること　**冠詞の位置**

冠詞の基本的な位置

　冠詞は、名詞（句）の先頭に置かれます。また、形容詞や〈副詞＋形容詞〉が名詞を修飾する場合は、the very tall building のように冠詞と名詞の間に入ります。つまり、〈冠詞＋（副詞＋）形容詞＋名詞〉という語順が基本となります。冠詞は名詞句全体の先頭に置かれることを押さえておきましょう。

注意すべき冠詞の位置

　ただし、次のような場合には、冠詞が名詞句全体の先頭に置かれないこともあります。このことを意識しておかないと、英文を正しく読み解けなくなる可能性もあるので、ここでしっかりと確認しておきましょう。

① 〈such + a/an ＋形容詞＋名詞〉

　「こんな〜」を表す形容詞の such を用いる時は、次の例文のように〈such + a/an ＋形容詞＋名詞〉という語順になります。

I've never seen **such a beautiful painting**.

（私は今までこんなに美しい絵画を見たことがありません）

② 〈as/how/so/too ＋形容詞＋ a/an ＋名詞〉

　副詞の as/how/so/too を用いる時は、〈as/how/so/too ＋形容詞＋ a/an ＋名詞〉という語順になります。これは、書き言葉に多い表現です。例文で具体的に見てみましょう。

Shinji is **as happy a man** as ever lived.

（シンジはこれまで生きてきたどの男とも同じぐらい幸せだ → シンジはこの上なく幸せな男だ）

Shinji is as a happy man とできると思うかもしれませんが、副詞の as は形容詞を修飾するので、形容詞の happy を引っ張り出してきて as happy a man という語順になっていると考えます。次の例文を見てください。

It is **too cold a day** to go out. （外に出るにはあまりにも寒い日です）

It is a cold day. に強意を表す副詞の too を入れると、形容詞を修飾するために a cold day から cold を引っ張り出して、too cold a day という語順になります。この too は〈too 〜 to *do*〉（…するにはあまりにも〜）という形で to 不定詞を続けることができ、〈too 形容詞 a/an 名詞（for 〜）to *do*〉という語順になります。

It is **too** difficult a problem to be solved from incomplete data.
（不完全なデータから解決するにはあまりにも難しい問題だ）

英文法で迫る

下線部の too high a character では、a high character（高潔な人格）を強めるために「あまりにも〜」という強意を表す副詞の too が用いられています。そのため、形容詞の high が副詞の too の直後に置かれ、このような語順になっているのです。

この強意語の too は、「基準を超えていること」を表しますが、しばしば「基準をあまりにも超えてしまっている」という意味合いを持つことがあります。たとえば、コーヒーが too hot だとすると、「熱さが自分の予想〔期待〕している温度を超えているので、飲めない」という意味合いを含みます。

ここでは、too high a character とすることで、教授が想像以上に素晴らしい人であることを示しているのです。

日本語訳

この話が真実であるかどうか私は証明できないが、これはとある英国の大学でフランス文学の教授が私に話してくれたことである。しかも、この教授はとても高潔な人であり、それが真実でなければ、私に話さなかったと思う。彼の授業は、彼自身の考える、フランス人の国民性の源泉とも言うべき資質を兼ね備えている3人のフランス人作家に対して受講学生の関心を引きつけることだった。

① I do not vouch for the truth of this story but it was told me by a professor of French literature at an English university and he was a man of too high a character, I think, to have told it to me unless it were true.

○ the truth of this story は動詞 vouch for（〜を保証する、証明する）の目的語です。this story の this は、これから述べることを指しています（→ p.30）。

○ but it was told me by a professor of French literature の it は、this story を受けています。英語では、一般に読み手がすでに知っていることがら（旧情報）を文の主語にします。ここでは、すでに知っている this story を主語にするために、受動態が用いられています。ちなみに、a professor of French literature は不定冠詞の a が用いられていることから、読み手にとって新情報であることがわかります。

○ and he was a man of too high a character の a man of 〜は「〜という性格・性質を持った人」という意味です。たとえば、A man of good sense wouldn't say such things.（常識をもった人ならば、そのようなことは決して言わないだろう）のような形で使います。

○ too high a character と出てきたところで、〈too 〜 to do〉のパターン、すなわち後ろに to 不定詞が出てくることを予測しながら読みます。すると、I think が挿入された後に to have told it to me と to 不定詞が続いていて、〈too 〜 to do〉の形になっていたのだとわかります。挿入部分を前に出して、I think he was a man of too high a character to have told it to me とすれば、構造がわかりやすくなるでしょう。

○ to have told と完了形の不定詞が使われているのは、主節の述語動詞 think で表される時間よりも「前」のことを表すためです。

○ unless it were true は、be 動詞が were になっていることから、仮定法であることがわかります。「その話が真実でなかったら」という意味になりますが、この仮定に対する帰結は直前の he was a man of too high a character to have told it to me になります。

> さらに　unless は「〜の場合を除いては」という意味の接続詞です。unless はふつう仮定法で使うことはできませんが、主節が否定文の場合には使われることがあります。ここでは、強意を表す too に否定的な意味合いがあるため、仮定法で使われています。

訳 この話が真実であるかどうか私は証明できないが、これはとある英国の大学でフランス文学の教授が私に話してくれたことである。しかも、この教授はとても高潔な人であり、それが真実でなければ、私に話さなかったと思う。

第1章

第2章

第3章

第4章

第5章

第6章

第7章

第8章

第9章

第10章

```
 I  do not vouch <for the truth of this story>

but  it  was told  me  <by a professor of French literature at an English
university>

and  he  was a man of too high a character, <I think>, <to have told it to me>

<unless it were true>.
```

② His practice was to draw the attention of his students to three French writers
who in his opinion combined the qualities that are the mainsprings of the
French character.

◎ His practice was to draw the attention の was to draw は、いわゆる〈be to 不定詞〉
ではなく、be 動詞の補語として不定詞の名詞用法が続いている形で、「彼の授業は関
心を引きつけることだった」という意味になります。〈draw the attention of +人+ to ～〉
は「〈人〉の関心〔注意〕を～に引く〔引きつける〕」という意味です。

◎ three French writers who in his opinion combined the qualities ...は、関係代名詞
の who 以下が先行詞の three French writers を説明しています。in his opinion（彼の
意見では）は挿入としてとらえます。関係代名詞節は文末まで続きます。

◎ combine は「〈主語が〉～という特徴〔性質など〕を兼ね備える」という意味の他動詞
です。ここでは「資質を兼ね備えた3人のフランス人作家」という意味になります。

◎ that are the mainsprings of the French character の that は関係代名詞で、that 以
下が先行詞の the qualities を説明しています。現在形の are が使われているのは、伝
達されている内容が、現時点でも当てはまると考えられているからです。character は
通例単数形で「性格、個性」の意味になります。

訳 彼の授業は、彼自身の考える、フランス人の国民性の源泉とも言うべき資質を兼ね備えている
3人のフランス人作家に対して受講学生の関心を引きつけることだった。

```
 His practice  was [to draw the attention of his students to three French

writers (who (in his opinion) combined the qualities (that are the mainsprings

of the French character))].
```

英語学習の TIPS　時事英語に強くなるには？

　入試では時事問題を扱った英文がしばしば出題されますが、最新の時事問題は、教科書や問題集ではカバーすることができません。そこで、時事英語に触れるのに役立つサイトを、学習法と合わせてご紹介します。日頃の学習に取り入れてみてはいかがでしょうか。

(1) **VOA Learning English**（https://learningenglish.voanews.com/）
　アメリカ合衆国政府によって運営資金が提供されている Voice of America（VOA）は、英語でニュースを配信しています。この VOA の素材を利用して英語学習ができるのが、 6 でも扱った VOA Learning English です。BEGINNING LEVEL / INTERMIDEATE LEVEL / ADVANCED LEVEL に分かれていますが、高校生にはINTERMIDEATE LEVEL がおすすめです。

　サイトを開くと、多くの記事のタイトルが表示されますので、興味のありそうな記事をひとつ選んでみましょう。すると、ニュース記事（スクリプト）とその音声ファイルがあるので、まずは音声ファイルを最後まで聞いてみましょう。聞き終わった時に頭に残っている情報を何でもよいので、メモとして書き出してみます。次に、ニュース記事（スクリプト）を読みますが、いきなり声に出して読むのではなく、音声を聞きながら、文字を目で追ってください。聞き終わったところで、さらに得られた情報を先ほど書いたメモに追加します。次に、英文に取り組みます。単語の意味がわからない場合は、英和辞典を調べ、英文の意味を考えながら、必要に応じて日本語に訳してみましょう。意味がわかったところで、改めて音声を聞きます。この時は、個々の単語の発音にも気をつけ、自分でも発音できるように個別の単語・イディオムの発音練習をしてください。最後に、学習した範囲を音読しましょう。

(2) **The Japan Times Alpha Online**（https://alpha.japantimes.co.jp/）
　VOA Learning English が難しく感じる場合は、The Japan Times Alpha Onlineを活用するとよいでしょう。The Japan Times Alpha Online は、The Japan Times Alpha という日本で発行されている英語学習者のための英字新聞に連動したサイトで、新聞を購読していなくても、トップニュースだけは無料で閲覧ができます。さらに、過去のトップニュースも閲覧が可能なので、自分が興味のある話題を選んで学習することができます。さらに、記事の和訳が掲載されているので、自分の訳と照らし合わせて確認することができます。掲載されている和訳と自分の和訳があまりにもかけ離れている場合、どうして違っているのかを考えてみましょう。総合英語などの文法参考書や辞書を調べたり、学校の先生に質問したりして問題を解決し、理解できた瞬間こそが、英語力の上がる瞬間なのです。

第 3 章

形容詞・副詞で迫る

形容詞は名詞を、副詞は主に動詞・形容詞・副詞
や文全体を修飾することばです。形容詞や副詞に
注目すると、それらが修飾していることばをより
具体的にイメージすることができます。ここでは、
形容詞・副詞を用いた表現である比較も含めて、
形容詞や副詞から読み取れることを学んでいきま
しょう。

形容詞のはたらき

①By the 17th century, chocolate was a fashionable drink throughout Europe, and believed to be good for one's health. ②But it remained largely a privilege of the rich until <u>the invention of the steam engine **made mass production possible**</u> in the late 1700s.

（中央大学）

* privilege：特権　　steam engine：蒸気機関

 下線部はどのようなことを表しているでしょうか？

A-Z | 英文法が語ること | **形容詞のはたらき**

　形容詞は、人やものごとの性質や状態を表します。形容詞には、名詞を説明する役割（限定用法）と補語になる役割（叙述用法）があります。

名詞を説明する役割（限定用法）

①〈（冠詞＋）形容詞＋名詞〉：形容詞が直後にある名詞を具体的に説明し、名詞の〈分類的な特徴〉を表します。

Good friends, **good** books, and a **sleepy** conscience: this is the **ideal** life.

(Mark Twain)

（よい友に囲まれ、よい本を読み、そしてときどき良心が目覚めるような人生こそが理想だ）

　複数の形容詞が同じ名詞を説明する場合は、a big black bird のようにそのまま並べるパターンもありますが、and, but, if などの接続詞を用いて表現することもあります。

a **young** and **energetic** actor　（若くてエネルギッシュな俳優）

a **pleasant** if **awkward** fellow　（付き合いにくい面があるにしても、感じのよい人）

②〈名詞＋形容詞句〔節〕〉：形容詞と結びつきの強い語句がセットになっている場合は、名詞の後ろに置きます。

a dictionary **useful** for students　（学生にとって有用な辞書）

　形容詞1語の場合は、①のように名詞の前に置きますが、1語でも名詞の後ろに置くパターンもあります。〈形容詞＋名詞〉は「恒常的状態（常にそうであること）」を表すのに対して、〈名詞＋形容詞〉は「人・ものの一時的状態」を表します。たとえば、a **responsible** person は「信頼できる人」という恒常的状態を表し、the person **responsible** for the project であれば「そのプロジェクトの責任者」となります。

補語になる役割（叙述用法）

① 自動詞の直後に置かれて〈主格補語〉になる場合

If I were to remain **silent**, I'd be guilty of complicity.　(Albert Einstein)

（このまま黙っていたならば、自分も共犯者になってしまう）

② 第5文型の〈目的格補語〉になる場合

The news made Miki **happy**.　（その知らせを聞いてミキは幸せな気分になった）

 英文法で迫る

　下線部の主語は the invention of the steam engine、動詞は made です。動詞 make が出てきたら、第3文型もしくは第5文型を想定して読みましょう。mass production の mass は「大量の」という意味の形容詞で、後ろの production を修飾する〈限定用法〉になっているので、「大量生産」という意味になります。続いて、possible という形容詞が単独で出てきます。第3文型だとすると、made の後には名詞が続きますが、そうすると possible が余ってしまいます。そこで、この文は第5文型で、possible は補語になる〈叙述用法〉で使われていることがわかります。 **3** で学んだように、第5文型の目的語と補語の間には主語と述語の関係があるので、「mass production が possible になった」と読みます。

　次に、主語に注目してみましょう。the invention of the steam engine（蒸気機関の発明）という無生物のものが主語になっていますが、使役動詞を含む文で無生物のものが主語になっている時は、「〜のおかげで」や「〜すれば」のように訳すと、すんなりいくことがあります。たとえば、This medicine will make you feel better. は「この薬はあなたの気分をよくします」よりも「この薬を飲めば、気分がよくなります」としたほうが自然な日本語になります。同じように、下線部も「蒸気機関の発明のおかげで大量生産が可能となった」とするとよいでしょう。

（ちなみに）invention は他動詞 invent（〜を発明する）の名詞形で、the invention of the steam engine は invent the steam engine（蒸気機関を発明する）を名詞化したものです。このように、〈他動詞＋目的語〉の関係を名詞化する場合、目的語だったものは of 〜 で表します。

日本語訳

17世紀までには、チョコレートはヨーロッパ中で上流階級の人たちが愛好する飲み物になっており、健康によいと信じられていました。しかし、1700年代後半に蒸気機関の発明のおかげで大量生産が可能になるまで、チョコレートは主に富裕層の特権のままでした。

① By the 17th century, chocolate was a fashionable drink throughout Europe, and believed to be good for one's health.

◎ By the 17th century の By は〈期限〉を表しますが、「〜までに」という意味だけではなく「〜にはすでに」（= no later than）という意味も把握しておきたいところです。

◎ chocolate was a fashionable drink は、chocolate が主語で、動詞が was です。続く a fashionable drink の drink は、動詞ではなく「飲み物」という意味の名詞で、形容詞 fashionable によって修飾され補語になっています。fashionable は、ここでは「上流階級の人たちが愛する」という意味で使われています。「流行の」とすると、第2文の it remained largely a privilege of the rich と矛盾してしまいます。

◎ throughout は through の強意形で「〜の中を」「〜のあちこちに」を表します。後ろに場所を表す語句が来ると「〜のあちこちに」「〜の隅々まで」「〜の至るところで」という意味になります。後ろに時間を表す語句が来ると、It snowed heavily **throughout** the night.（一晩中、ひどい雪が降った）のように「〜の間じゅうずっと」という意味になります。

◎ and believed to be good for one's health の believed は過去形ではなく過去分詞形です。and の後ろには、chocolate was を補っておきましょう。前の文と主語と be 動詞が共通しているので、繰り返しを避けるために省略されています。be believed to be 〜は「〜だと思われている〔考えられている、信じられている〕」という意味です。good for one's health の good は「健康によい」という意味の形容詞です。

訳 17世紀までには、チョコレートはヨーロッパ中で上流階級の人たちが愛する飲み物になっており、健康によいと信じられていました。

```
<By the 17th century>,
chocolate was a fashionable drink <throughout Europe>,
   and
(chocolate was) believed (to be good for one's health).
```

② But it remained largely a privilege of the rich until the invention of the steam engine made mass production possible in the late 1700s.

◎ 主語の it は chocolate を指しています。動詞の remain は〈remain + C〉で「〈人・もの・ことが〉C〈状態〉のままである、相変わらず C だ」という意味になります。C の部分には名詞（句）・形容詞（句）・分詞・前置詞句などが来ます。

◎ largely は副詞で、「主に、大部分は」という意味を表します。副詞は通例、名詞以外の要素を修飾します。ここでは a privilege of the rich という名詞句を修飾しています。

<blockquote>

（　さらに　）この largely は〈焦点化副詞〉と呼ばれるもので、largely の次に来る要素が〈新情報〉であるということを伝える役割を持っています。焦点化副詞は、句や節だけではなく、名詞や代名詞を修飾することもできます。焦点化副詞の代表的なものとしては、他に especially、particularly、at least などがあります。

</blockquote>

◎ a privilege of the rich の the rich は、〈the + 形容詞〉の形で「お金持ちの人たち」という意味を表します。このように、形容詞（分詞の場合もあります）に定冠詞の the が付くと、名詞のはたらきをします。この〈the＋形容詞〉は複数扱いになることにも注意しましょう。また、〈the ＋形容詞〉は The inevitable happened. (避けられないことが起こった) のように「〜のこと」という意味を表すこともあります。

◎ until 以下は、英文法で迫る で確認したように、〈無生物主語 (the invention of the steam engine) + 使役動詞 (made) + O (mass production) + C (possible)〉という構造になっています。in the late 1700s は「1700 年代後半に」という意味で、late は 1700s を修飾する限定用法の形容詞です。

<blockquote>

（　さらに　）late は限定用法と叙述用法で意味が異なります。限定用法では、「後半の」や My **late** father was a doctor. (私の亡くなった父は医師でした) のように「故〜」という意味があります。叙述用法では「遅れる」という意味で、たとえば The train was 10 minutes **late**. (電車が 10 分遅れていた) のように用います。叙述用法と限定用法で意味が異なる形容詞の代表例を以下にまとめておきます。

</blockquote>

certain	限定用法	「ある〜」「ある程度の〜」: a **certain** age（ある年齢）
	叙述用法	「確かな」: I'm **certain** that ...（私は…ということを確かだと思っている）
present	限定用法	「現在の〜」: my **present** job（現在の私の仕事）
	叙述用法	「出席している」: be **present** at the meeting（会議に出席している）
able	限定用法	「有能な〜」: an **able** doctor（有能な医師）
	叙述用法	「〜できる」: be **able** to *do*（〜できる）

訳　しかし、1700 年代後半に蒸気機関の発明のおかげで大量生産が可能になるまで、チョコレートは主に富裕層の特権のままでした。

副詞のはたらき

①If one were to design a new car park from scratch, one of the best of all systems is epitomized by the helical car park design. ②With one entrance, simple traffic flow, and one exit, it is safe for pedestrians and uses the available space efficiently. ③<u>Crucially, it is also reasonably pretty.</u>

（慶應義塾大学）

* from scratch：ゼロから、何もないところから　　epitomize：〜（の特徴）を典型的に表す

helical：らせん状の

 下線部はどのようなことを言いたいのでしょうか？

A-Z **英文法が語ること**　　**副詞のはたらき**

　副詞は、基本的に動詞・形容詞・他の副詞・句・節・文を修飾します。特に文を修飾する副詞を便宜上〈文修飾の副詞（文副詞）〉と呼ぶことにします。

副詞は位置によって意味が変わる

　副詞は、文のどの位置に置かれるかによって意味が変わってきます。副詞の出現パターンには、次のようなものがあります。

① ［文修飾の副詞、時や場所を表す副詞］, **主語＋動詞 ...**
② **主語＋（助動詞＋）**［頻度を表す副詞］**＋動詞＋目的語など＋**［時・場所・様態の副詞］
③ ［節を修飾する副詞］**＋接続詞＋主語＋動詞 ...**

　このパターンを念頭に、置かれる位置によって副詞の意味が変わることを確認してみましょう。まずは happily という副詞の例です。

(1) **Happily**, Tom married.　（幸せなことに、トムは結婚した）
(2) Tom was **happily** married.　（トムは幸せな結婚生活を送っていた）

　(1) では、副詞が文頭に置かれています。副詞が文頭に置かれると、文全体を修飾する〈文副詞〉としてはたらき、出来事に対する「書き手〔話し手〕の態度の表明」や「確実性についての書き手〔話し手〕の判断」を表します。つまり、(1) の文は「トムが結婚したこと」に対して、書き手は「幸せなことだ」という態度を表明しているのです。また、〈時〉や〈場所〉を表す詞が文頭に置かれると、〈場面・状況の設定〉を表します。

　一方、(2) では、副詞は動詞の後ろに置かれています（受動態では be 動詞と過去分詞の間）。この場合は、動詞を修飾して「どのような様子であるか」という〈様態・様子〉を表し

ます。したがって、(2) の文は「トムが結婚していたこと」が「幸せだった」と解釈することができます。

次に、simply という副詞の例を見てみましょう。次の文の意味はわかりますか?

We ate **simply** because we were so hungry.

simply は、動詞の後ろに置かれているとも、接続詞の前に置かれているとも考えられます。動詞の後ろに置かれていると考えると、simply は〈様態・様子〉を表す「簡単に」という意味になり、「私たちは簡単に食べた、なぜならとてもお腹が空いていたからだ」と解釈できそうです。でも、それだと「簡単に食べた」と「とてもお腹が空いていた」の因果関係がおかしいですよね。そこで、接続詞の前に置かれている、節を修飾する副詞だと考えると、simply は「ただ単に」という意味になり、「私たちが食べたのは、単にとてもお腹が空いていたからだ」と解釈できるのです。

注意が必要な副詞

only は、用法が他の副詞と異なるので、注意が必要になります。

(1) I **only** came to the class on time.　（私はただ、時間通りに授業に来た）
(2) **Only** I came to the class on time.　（私だけが授業に時間通りに来た）

only は、(1) では動詞の came を、(2) では主語の I を修飾しています。このように、**only は原則として修飾される語句の前に置かれます**。また、他の副詞と異なり、名詞や代名詞を修飾することもできます。名詞や代名詞を修飾する例を他にも見ておきましょう。

I ate **only** salad.　（私はサラダだけを食べた）
Only I ate salad.　（私だけがサラダを食べた）

only と同じようなはたらきをする副詞には、but や merely などがあります。

 英文法で迫る

下線部には、crucially, also, reasonably という3つの副詞が使われています。それぞれのはたらきについて確認していきましょう。

crucially は文頭に置かれています。文頭に副詞が置かれると、出来事に対する〈書き手の態度の表明〉を表すことができます。したがって、it is also reasonably pretty ということについて、書き手が「重要なことだ」と認識していることが示されるのです。

also は「〜もまた」という意味で、情報を追加するために用いられるディスコースマーカー（文章の論理的な流れを示すための標識）です。ここで追加されているのは、前文の「安全な」「効率よく」に対して「美しい」という情報です。つまり、「安全と効率と美しさ」を兼ね備えた駐車場が「らせん形の駐車場」であるということを表しています。

最後の reasonably はくせ者です。reasonably には〈文副詞〉と〈語修飾の副詞〉のはたらきがあります。文副詞では「〜するのはもっともだ」、語修飾では「まずまず、なかなか」「適切に」「理性的に」「道理にかなって」という意味になるので、どちらかを判断しなければなりません。ここでは、後ろにある形容詞の pretty を修飾する語修飾の副詞として使われているので、「（完全ではないにせよ）なかなか美しい」だと解釈します。

日本語訳

もし仮に新しい駐車場をゼロから設計するとしたら、らせん形の駐車場のデザインが、最も優れたシステムの代表例になるでしょう。単一の入口、単純な車の流れ、単一の出口を備えているので、歩行者にとって安全で、利用可能なスペースを効率よく活用できます。重要なことに、なかなか美しくもあります。

🖋 英文を読み解く

① If one were to design a new car park from scratch, one of the best of all systems is epitomized by the helical car park design.

⬡ If one were to design a new car park from scratch の主語は one、動詞は were です。one は、ばくぜんと一般の人を表しています。were to は、〈be to 不定詞〉が仮定法過去の形になったものです。仮定法の were to は、可能性の度合いの低い現在または未来の仮定を表します。

⬡ コンマ以下の文では、one of the best of all systems が主語、is epitomized が動詞です。動詞が現在形になっていることに注意しましょう。if で始まる節は仮定法過去になっていますが、「もし〜なら」という条件節ではなく「たとえ誰かがゼロベースで駐車場の設計をしても」という〈譲歩〉を表し、帰結節（主節）が現在形になっているのです。日本語でも、「たとえ大金を積まれたとしても、その仕事は受けない」のように、「〜だろう」の代わりに言い切りの形を使うことができますが、これと同じような感覚です。

訳 たとえ新しい駐車場をゼロから設計するとしても、すべてのシステムの中で最も優れたもののひとつは、らせん形の駐車場のデザインによって典型的に表されることになります。

② With one entrance, simple traffic flow, and one exit, it is safe for pedestrians and uses the available space efficiently.

⬡ 〈with＋名詞〉で文が始まっていますが、この形は「〜といっしょに」という〈随伴〉、「〜を使って」という〈道具〉、「〜があれば」という〈仮定〉、「〜があるので」という〈原因・理由〉などの意味を表します。ここでは、前の文で「新しい駐車場を設計するなら、らせ

ん形の駐車場のデザインがよい」と述べられていたことを思い出し、らせん形の駐車場の デザインについて具体的に説明しているのではないかと想定しながら読み進めます。す ると、主節が it is safe for pedestrians（歩行者にとって安全である）となっているので、 らせん形の駐車場のデザインが安全である〈理由〉が with 以下で説明されている のだとわかります。

◎ 主語は it、動詞は is と and の後の uses です。it は the helical car park design を受け ています。

◎ uses the available space efficiently の available は形容詞で、space を修飾していま す。また、文末の efficiently は副詞で、動詞の uses を修飾しています。

訳 単一の入口、単純な車の流れ、単一の出口を備えているので、歩行者にとって安全で、利用可 能なスペースを効率よく活用できます。

\<With one entrance, simple traffic flow, and one exit\>,
[it] ┌ is safe \<for pedestrians\>
         and
      └ uses the available space efficiently.

---

③ Crucially, it is also reasonably pretty.

◎ Crucially は〈文全体の内容に対する評価・判断・可能性〉を表す文修飾の副詞です。 文頭に文修飾の副詞が出てきたら、文の内容に対して、筆者の態度が表明されてい ることを意識しながら読むとよいでしょう。

(ちなみに) 主な文修飾副詞には、apparently, certainly, clearly, fortunately, happily, possibly, probably, reasonably, rightly などがあります。

◎ 主語は it、動詞は is です。it は the helical car park design を受けています。

訳 重要なことに、なかなか美しくもあります。

比較（1）

①For once Benjamin consented to break his rule, and he read out to her what was written on the wall. ②There was nothing there now except a single Commandment. ③It ran:

ALL ANIMALS ARE EQUAL

<u>BUT SOME ANIMALS ARE **MORE EQUAL**</u>

<u>THAN OTHERS</u>

*consent：同意する　　Commandment：戒律

文脈　『動物農場』（→ p.62）の一節です。人間を追放した動物たちが営む「動物農場」の壁には7つの戒律（Commandment）が書かれていましたが、それが書き換えられていました。そのことに気づいた文字を読めない雌馬のクローバーが、ロバのベンジャミンに内容を教えてほしいと頼んだ場面です。

？　下線部はどのようなことを表しているのでしょうか？

 英文法が語ること　　比較級を用いた比較

　AとBを比べて「AはBより〜だ」という時には、形容詞または副詞の〈比較級〉を使い、〈A is 比較級 than B〉の形で表します。比較級は、形容詞や副詞の語尾に -er を付けて作りますが、2音節以上の長い形容詞や副詞、-ly で終わる副詞は、more を使って、more beautiful のようにします。また、many/much → more のように、不規則な変化をする語もあります。

比較対象を意識する

　文中に比較級が出てきた時は、than が出てくることを予測し、何と何が比較されているかを把握する必要があります。しかし、文末まで読んでも than が出てこない場合もあります。その場合は文脈から判断することになります。次の例で確認してみましょう。

This coffee is very strong. I prefer it a little bit **weaker**.
（このコーヒーはとても濃い。私はもう少し薄めのほうが好きです）

　この文は、weaker という比較級で文が終わっていて、than が出てきません。このような場合、隠れた比較対象を意識する必要があります。ここでは、目の前に出された「濃いコーヒー」が比較対象になっています。つまり、この話し手は、目の前にあるコーヒーよりも「薄めのコーヒー」が好きなのです。

比較表現の効果を知ろう

比較表現は、〈現在と過去〉や〈いくつかの事象〉を対比しながら、自分の主張を明確に説明していく時にも使うことができます。また、あることがらを目立たせて強調させたい時にも、比較が使われることがあります。ですから、比較表現に出会ったら、ちょっとだけ立ち止まり、文意を確認するようにしましょう。そうすれば、比較表現に込められた書き手のメッセージを受け止められるようになります。例として、次の文を見てみましょう。

I couldn't agree **more**.

この表現には more という比較級が使われています。さらに、couldn't という助動詞の過去形を使った仮定法になっています。そこから考えれば、「これ以上賛成をすることができないぐらい賛成している」→「あなたの意見に大賛成です」という意味になることがわかるでしょう。単に I agree. とするのではなく、I couldn't agree more. と仮定法と比較級を使うことで、賛成していることを強調することができるのです。同じように、I couldn't be better.（会話では、I を省略した Couldn't be better. の形がよく使われます）は「調子は最高！」という意味になります。ぜひ効果的な比較表現を会話で使ってみましょう。

 英文法で迫る

この文は、ジョージ・オーウェルの『動物農場』からの引用です。農場を支配する人間たちに搾取をされていた動物たちは、革命を起こし、人間たちを追い出しました。そして、指導者の豚のもとで「動物農場」を建設します。動物たちは、「動物は酒を飲むべからず」「すべての動物は平等である」など7つの戒律を壁に書き、これを守って理想的な世界を建設していきます。しかし、やがて動物たちの間にも争いが起こります。そんな中、豚のナポレオンが全権を掌握し、豚たちが農場を支配するようになるのですが、その結果、農場は人間に搾取されていた時よりもひどい状況に陥りました。為政者となった豚たちは、「動物は酒を飲むべからず」に「過度には」という言葉を付け加えるなど、条文を都合よくねじ曲げて、自らを特権階級としていきますが、その究極の条文の変更が、この引用部分なのです。

それでは、SOME ANIMALS ARE **MORE EQUAL** THAN OTHERS（ある動物は他の動物よりもさらに平等である）とはどういうことなのでしょうか？　本来、「同じ」という意味の equal を比較級で使うことはありませんが、あえて比較級を使うことで、特別な意味が生まれていることに気づきます。Some animals are **better** than others.（ある動物は他の動物よりも優れている）とせずに、あえて more equal という矛盾するような表現を使うことで、為政者である豚たちの言葉に含まれる矛盾を見事に露見させているのです。さらには、「一見すると、平等のように見えるけれど、実は見えないところに不平等が隠れている」という強烈な皮肉も、ここには込められています。オーウェルの言葉遣いの巧みさ、すごさがとてもよく感じられる文ですね。

All people are created equal, but Congress is considering a bill that would make some people more equal than others. (すべての人々は生まれながらに平等であるが、議会は一部の人が他の人よりもさらに平等になるような法案を検討している)

アメリカ独立宣言に用いられている All men are created equal をジェンダー平等の立場から people に変更し、そこに『動物農場』の戒律をもじった some people more equal than others を続けるという、強烈な皮肉となっています。

日本語訳

今回に限り、ベンジャミンは自分の規則を破ることに同意し、彼は彼女に壁に書いてあることを読み上げました。そこには、今やたった1つの「戒律」を除いて何も書かれていませんでした。それは次のように書かれていました。
「すべての動物は平等である　ただし、ある動物は他の動物よりも　さらに平等である」

英文を読み解く

① For once Benjamin consented to break his rule, and he read out to her what was written on the wall.

◉ For once は「今回に限り」「一度でいいから」という意味の副詞句で、動詞を修飾しています。主語は Benjamin、動詞は consented です。consent to *do* は「~することに同意する、賛成する」という意味です。

◉ break his rule は「彼の規則を破る」という意味です。動物農場では豚以外はほとんど文字が読めないのですが、実はベンジャミンは賢いロバで、文字が読めたのです。しかし、彼はそのことを隠し続けることを自らに課していました。その規則を破ったのが、この場面なのです。

◉ read out to her は「彼女に (向けて) 声を出して読んだ」という意味です。read は「読む」、out が「外へ」なので、「声を出して読む」という意味になります。her は、ベンジャミンに対して壁に書かれている戒律を読むことを頼んだ雌馬のクローバーを指します。

◉ what was written on the wall の what は先行詞を含む関係代名詞で、「~なこと〔もの〕」という名詞的なはたらきをします。全体では「壁に書かれていること」という意味になります。この部分は動詞 read out の目的語ですが、目的語としては長くて重くなるので、to her の後ろに移動しています (文末重点:→ p.19)。

訳 今回に限り、ベンジャミンは自分の規則を破ることに同意し、彼は彼女に壁に書いてあることを読み上げました。

② There was nothing there now except a single Commandment.

♦ There was nothing は「何もなかった」という意味です。2つ目の there は「そこには」という意味で、具体的には「文字が書かれている壁には」という内容を表しています。

（ちなみに） There's nothing to it! は「そんなこと大したことない」「それは簡単です」という意味で使われます。会話で使えるようになりたい表現ですね。

♦ except は「〜を除いて」という意味の前置詞です。expect（〜を期待する）という動詞とつづりが似ていて、混同しやすいので注意しましょう。Commandment は「戒律」という意味で、single（たった1つの）という形容詞で修飾されています。文全体では、「たった1つの戒律を除いては、今やそこには何もなかった」という意味になります。

訳 そこには、今やたった1つの「戒律」を除いて何も書かれていませんでした。

③ It ran: ALL ANIMALS ARE EQUAL BUT SOME ANIMALS ARE MORE EQUAL THAN OTHERS

♦ It ran の it は a single Commandment を指します。動詞の run は、ここでは「走る」「〜を経営する」ではなく「〈詩句・文面などが〉書いてある」という意味です。

♦ ALL ANIMALS ARE EQUAL は、All men are created equal. というアメリカ独立宣言にある表現を思い出させます。

♦ SOME ANIMALS は、後ろの OTHERS（= other animals）と呼応していて、「ある一部の動物たち」と「その他の動物たち」が比較されていることがわかります。全体では、「ある一部の動物たちのほうが、その他の動物たちと比べて平等という点では勝っている」という意味になります。

訳 それは次のように書かれていました。「すべての動物は平等である　ただし、ある動物は他の動物よりも　さらに平等である」

①Ants face difficult decisions in their lives, not least in their choice of routes to a food source, where <u>it is important to establish **the shortest route** so that they waste as little energy as possible when carrying the food back to the nest.</u> ②Judging by the ant trails in my garden, they seem to do it pretty efficiently. ③The trails are invariably straight, representing the shortest distance between two points.

(神戸大学)

 下線部中の the shortest route は、具体的にはどのようなものでしょうか？

| A-Z | **英文法が語ること** | **最上級・原級を用いた比較** |

最上級を用いた比較

3つ以上を比べて「あるものが最も〜だ」という時には、形容詞または副詞の〈最上級〉を使います。最上級は、形容詞や副詞の語尾に -est を付けて作りますが、2音節以上の長い形容詞や副詞、-ly で終わる副詞は、most を使って、most beautiful のようにします。また、many/much → most のように、不規則な変化をする語もあります。

最上級を用いた比較の基本的な形は〈the 最上級 A in〔of〕B〉です。in は「〜という場所の中で」という範囲、of は「同類の中で」という範囲を表します。

The Nile is **the longest in** the world.　（ナイル川は世界で一番長い）
The Nile is **the longest of** all rivers.　（ナイル川はすべての川の中で一番長い）

範囲を表す in〔of〕B が示されないこともあります。その場合は、範囲を文脈から判断しましょう。次の例文では、of all the questions が省略されています。

This is **the most difficult** question.　（これは一番難しい質問です）

最上級に the を付けない場合

形容詞の最上級には、原則として定冠詞の the を付けますが、副詞の最上級には、次の例文のように the を付けないこともあります。

A German shepherd runs **fastest** of all the dogs.
（ジャーマンシェパードはすべての犬の中で最も走るのが速い）

また、形容詞の最上級でも the を付けない場合もあります。次の例文で確認しましょう。

(1) This river is **the longest** in this area.　（この川は、この地域で最も長い）
(2) This river is **deepest** at this point.　（この川はこの場所が最も深い）

(1) のように、「この地域」に複数の川があり、その中で最も長いという場合には、the を付けます。これは、the が1つのものに限定する役割を持っているからです。一方、(2) のように、1つのものの中の違いについて言う場合には、the を付けません。

原級を用いた比較

A と B を比べて「A と B は同じだ」というときには、〈A is as 原級 as B〉の形で表します。この形は〈同等比較〉とも呼ばれ、B を基準として、原級で表される部分が「同じ」だということを提示するものです。話し手は B について、それが「美しい」とか「背が高い」ということを知っていて、それを基準として「A と B が同じ」ということを示しています。

原級を用いた比較の否定

〈A is not as 原級 as B〉は、「A は B ほど〜ではない」という意味を表します。肯定文のときと同じように、B を基準として、A が B と同程度には達しないことを示します。

(1) This ball is **not as** large **as** that one.　（このボールはあのボールほど大きくない）

(2) Jane **isn't as** rich **as** Sarah.　（ジェーンはサラほどお金持ちではない）

(1) の文は、「このボール」は「あのボール」より小さいという意味を含んでいます。また、(2) の文は比較級を用いて Sarah is richer than Jane (is). と書き換えることができます。

 英文法で迫る

下線部では the shortest route（最短の道筋）という最上級が用いられていますが、何の中で最短なのかが明示されていません。そのため、「どのようなグループの中で一番なのか」あるいは「何と比べて一番なのか」を、文脈を通じてきちんと理解する必要があります。そこで、少し前を見ると、their choice of routes to a food source（えさのありかへの道筋の選択）とあります。複数形の routes になっていることから、「えさのありかへの道筋が複数想定されており、それらの中から『最短』のものを選ぶ」ということなのだとわかります。

日本語訳

アリはその生涯において、幾度となく難しい決断を迫られるが、特にえさのありかへの道筋の選択においては、えさを巣に運んで戻る際にできるだけエネルギーを無駄にしないようにするために、最短ルートを確立することが重要なのである。私の庭のアリの足跡から判断すると、彼らはかなり効率的にそれを行っているように見える。アリの足跡は常に直線であり、2点間の最短距離を表している。

英文を読み解く

① Ants face difficult decisions in their lives, not least in their choice of routes to a
food source, where it is important to establish the shortest route so that they
waste as little energy as possible when carrying the food back to the nest.

◎ Ants face difficult decisions の主語 Ants は、名詞の無冠詞複数形になっています。
この無冠詞複数形は「〜というものは」という意味で、「概して、一般に」という総称
のイメージで語られる場合に用いられます。また、face は「〜に直面する」「〜に立ち向
かう」の意味の他動詞で、目的語は difficult decisions です。decisions と複数形にな
っているのは、「何度も決定をしなければいけなくなることがある」ことを示しているから
です。

◎ in their lives の their は ants を受けているので、「アリの生涯において（生まれてから
死ぬまで）」という意味になります。

◎ not least は「特に、とりわけ」という意味の副詞です。

◎ in their choice of routes to a food source の in は「〜という点において」という意味
の前置詞です。their choice の their は引き続き ants を受けています。their choice of
routes to a food source は、they choose routes to a food source という他動詞の文を
名詞化したものです（→ p.47 （ちなみに））。

◎ where は関係副詞で、先行詞は their choice of routes to a food source です。関係
副詞の where はふつう〈場所〉を先行詞としますが、このように〈状況〉や〈場合〉を先
行詞とすることもできます。ここでは、「えさのありかへの道筋の選択において」と読む
とよいでしょう。

◎ it is important の it は形式主語で、真主語は to establish the shortest route です。文
頭に it が使われていたら、形式主語である可能性を考え、後ろに to 不定詞や that
節、動名詞、whether などの名詞節が出てくるだろうと思いながら読むとよいでしょ
う。形式主語の構文は〈it is 形容詞〔名詞〕〜〉という形をとることが多いので、it is
important ... となっているのが見えた瞬間に、後ろに to 不定詞や that 節などが来る
ことが予測できます。

◎ so that 〜は、「〜するために…」〈目的〉または「…なので〜」〈結果〉という意味を表し
ます。ここでは、「アリが最短ルートを選択するのは、they waste ... というためである」
という流れになっているので、〈目的〉を表していると考えます。

◎ they waste as little energy as possible は、〈as 〜 as possible〉「できるだけ〜」とい
う原級を使った比較が用いられています。waste little energy は「ほとんどエネルギー

60

を消費しない」という意味ですので、この部分は「できる限りエネルギーを無駄にしないように」となります。

◎ when carrying the food back to the nest は、when と carrying の間に they are を補って読みます。副詞節の主語と主節の主語が同じ場合、副詞節中の主語と be 動詞は省略されることがあります。

> 訳 アリはその生涯において、幾度となく難しい決断を迫られるが、特にえさのありかへの道筋の選択においては、えさを巣に運んで戻る際にできるだけエネルギーを無駄にしないようにするために、最短ルートを確立することが重要である。

② Judging by the ant trails in my garden, they seem to do it pretty efficiently.

◎ Judging by〔from〕~ は慣用的に用いられる分詞構文で、「~から判断すると」という意味を表します。

◎ they seem to do it pretty efficiently の they は ants を、do it は establish the shortest route を受けています。pretty は「かわいい」という形容詞ではないことに注意しましょう。形容詞では、後ろに続く副詞を修飾することができません。そこで、これは「かなり」という意味の副詞で、後の副詞の efficiently を修飾していると判断できます。

> 訳 私の庭のアリの足跡から判断すると、彼らはかなり効率的にそれを行っているように見える。

③ The trails are invariably straight, representing the shortest distance between two points.

◎ The trails are まで読んだところで、後ろに形容詞や名詞が来る SVC の文になっていると予想します。すると、straight という形容詞が出てきて、予想が正しかったことがわかります。invariably は「変わることなく、決まって」という意味の副詞で、straight を修飾しています。

◎ representing は現在分詞ですが、コンマが分詞の前に置かれていることからもわかるように、形容詞的に前の名詞を説明しているのではなく、前の情報を補足的に説明する分詞構文（付帯状況）になっています。「そして、それは~を表している」のように読むとよいでしょう。

◎ the shortest distance between two points の between two points は「2点間」という意味ですが、この2点は「えさのありか」と「巣があるところ」を指しています。

> 訳 アリの足跡は常に直線であり、2点間の最短距離を表している。

📖 読書案内 『動物農場』

『動物農場（おとぎばなし）』(*Animal Farm : A Fairy Story*)（1945年）は、イギリス人作家のジョージ・オーウェル（George Orwell, 1903-1950）が、当時のソビエト連邦の全体主義的な思想に対する批判を底流に描いた小説です。理想を高く掲げ、民衆を扇動し、独裁政治が完成していく様子を、登場人物を人間ではなく、豚や馬などの動物として描き出しています。

あらすじ ◆

　人間が支配する農場から開放され、動物たちが自由に暮らせる社会を構築しようと一致団結して、人間を追い出すところから物語が始まります。高い理想を掲げ、諸悪の根源である人間たちを追い出せば、不平等な世の中がなくなるとし、動物たちを1つにまとめたのが、雄豚のメージャー爺さんでした。しかし、人間たちを追い出す前に彼は亡くなります。その後、雄豚のスノーボールとナポレオンがメージャー爺さんの意思を引き継ぎ、人間を追い出すことに成功します。人間たちが農場を取り返しに来た時に、スノーボールは銃弾を体に受けながらも、果敢に戦います。多くの動物たちからの信頼を得たスノーボールは、ナポレオンとともに農場を運営することになりました。

　しかし、スノーボールとナポレオンの間に対立が生まれます。みんなから支持されていたスノーボールを追い出そうと、ナポレオンは水面下で動いていました。自分の手下の犬たちを使って、スノーボールを農場から追い出したナポレオンは、トップの座に君臨し、独裁体制を築き上げるのです。いわゆるクーデターです。その後、ナポレオンは、農場の規則を定めた「七戒」と呼ばれる規則を次々に変更します。自分にとって都合の悪いことはすべて書き換えてしまったのです。

　ナポレオンは、悪としていたはずの人間と取引をするようになり、私腹を肥やしていきます。いつの間にか、ナポレオンは人間たちと結託していたのです。やがて、ナポレオンは2本足で歩くようになります。人間を敵とみなしていた時のスローガンである「二本足悪い、四本足よい」も、突然「四本足よい、二本足もっとよい」に変えられてしまいました。都合よく変更が加えられた「七戒」も、ついには次の1つだけになってしまうのです。

> *ALL ANIMALS ARE EQUAL BUT SOME ANIMALS ARE MORE EQUAL THAN OTHERS*　（すべての動物たちは平等である。だが、いくつかの動物たちは他の動物達よりも平等である）

第4章

時制で迫る

英語には、現在・過去・未来を表す表現のほかに、進行中のことを表す進行形や、ある時点とそれよりも前の時点とのつながりを表す完了形があります。ここでは、時制を表す表現を整理しながら、英文がいつのことを表しているのかをとらえる練習をしていきましょう。

現在形と過去形

①Evil: I am cast upon a horrible, desolate island, void of all hope of recovery.

②Good: But I **am** alive; and not drowned, as all my ship's company **were**.

*desolate：(土地などが) 荒れた　　be void of ～：～がない　　company：仲間

文脈 『ロビンソン・クルーソー』(→ p.84) の一節です。嵐で座礁した船から脱出したものの、救命ボートが波にさらわれ、いっしょに脱出した仲間がいなくなる中、ひとり何とか泳いで無人島にたどり着いた主人公のクルーソーが、自身の置かれた状況を整理するために書いたメモです。

下線部で現在形の am と過去形の were が使われているのはなぜでしょうか？

 英文法が語ること　　**現在形と過去形**

〈時制〉は必ず〈現実世界の時〉とイコールになるわけではない

　英語の動詞には〈現在形〉と〈過去形〉があります。現在のことを表す形だから現在形、過去のことを表す形だから過去形という名前になっていますが、現在形が必ず〈今のこと〉を表すというわけではありません。では、どのようなときに現在形や過去形が使われるのでしょうか。

（その前に）英語の動詞には、主語の動きや出来事を表す〈動作動詞〉と、主語の状態を表す〈状態動詞〉があります。動作動詞には eat（～を食べる）、catch（～を捕まえる）、play（～をする）などが、状態動詞には be 動詞、know（～を知っている）、see（～を見る）、hear（～を聞く）などがあります。同じ現在形でも、動作動詞と状態動詞で表すものが異なるので注意しましょう。

現在形が表すこと

　現在形が表すことの本質は〈現在の時点で成立していることがら〉です。そのことを念頭に置いて、現在形が表す内容を、例文を使って確認していきましょう。

① 現在の状態

This jacket **is** too small for me.（このジャケットは私にとって小さすぎます）

　状態動詞を現在形で用いると〈現在の状態〉を表します。この例文では、ジャケットを着てみたり、それを手に取ってみた現在の時点で、「私にとって小さすぎる」という状態が成立していることを表しています。

② 現在の習慣（繰り返し行われること）

He **plays** baseball every Sunday.（彼は毎週日曜日に野球をする）

　動作動詞を現在形で用いると〈現在の習慣〉を表します。例文で考えてみましょう。「毎週日曜日に野球をすること」が現在の時点で成立していれば、これまでも毎週日曜日になれば野球をやっていたし、これからも日曜日になれば野球をやるだろうと考えることができます。このように、現在形で表される内容が現在の時点で成立すると、その内容が過去・現在・未来に通じていることがわかり、習慣を表すことになるのです。

　ちなみに　(1) この用法ではしばしば always, every day, twice a month などの頻度を表す副詞（的要素）を伴いますが、必須ではないので、文脈から判断することになります。
(2) ほかに、Lions **eat** many kinds of animals.（ライオンはいろいろな動物を捕食します）のように、性格・性質を表す〈一般論〉としての現在形の使い方もあります。

③ 一般的な事実（不変の真理）

Water **freezes** at 0℃ .（水は 0℃で凍る）

　動作動詞の現在形は〈どんな場合においても常に正しいこと〉を表すこともあります。水が凍る温度は、今も昔も未来も変わらず0℃ですよね。このような、現在という時間に固執しない、常に変わらない一般的な事実を表す時にも現在形を使うことができるのです。ちなみに、0℃は zero degrees Celsius と読みます。

過去形が表すこと

　次に、過去形が表す内容について見ていきましょう。過去形が表すことの本質は〈現在の時点とは切り離されたことがら〉です。

① 過去の状態

Ken **was** my best friend.（ケンは私の最良の友であった）

　状態動詞を過去形で用いると、現在の時点とは切り離された〈過去の状態〉を表します。この例文の場合、ケンが最良の友だったのはあくまで過去の話で、今でもよい友達かどうかは、この文だけでは判断できません。この場合、状況としては「今は疎遠にしている」、あるいは「ケンはもうこの世にいない」などの可能性も考えられます。

② 過去に起きたこと

I **saw** him at the shopping mall yesterday.（私は昨日ショッピングモールで彼を見かけた）

　動作動詞を過去形で用いると〈過去のある時点での出来事〉を表します。

③ 過去に繰り返された行為

I <u>often</u> **played** catch with my father when I was a kid.
（子供の頃、よく父親とキャッチボールをした）

　動作動詞の過去形は〈過去に繰り返された行為〉も表します。この場合、しばしば頻度を表す副詞とともに用いられます。上記の②と③はいずれも〈現在の時点とは切り離されたことがら〉を表しており、今はその行為をしていないことがわかります。

　このように、動詞の時制に注目することで、さまざまなことがわかるのです。英文を読み解く際には、単に「現在形だから今のことだ」「過去形だから過去のことだ」と思うのではなく、その時制で何を表したかったのかを考えるようにしましょう。

 英文法で迫る

　下線部の現在形の am は、「私」が生きているという〈現在の状態〉を表しています。続く and not drowned は、and I am not drowned の I am が省略された形で、やはり「私」がおぼれずに助かっているという〈現在の状態〉が示されています。一方、were は後ろに drowned が省略されていて、「おぼれて死んだ」という意味になります。つまり、I am not drowned と all my ship's company were drowned という現在形と過去形を対照的に用いることで、「私」が仲間を失い、孤独な状態に置かれていることを表しているのです。

［日本語訳］
悪い点：私はひどく荒れ果てた島に放り出された。もとのところに戻れる望みは全くない。
よい点：しかし、私は生きているのだ。船の仲間たちのように、おぼれ死ななかった。

　英文を読み解く

① Evil: I am cast upon a horrible, desolate island, void of all hope of recovery.

🌀 I am cast は、「打ち上げられた<u>状態でいる</u>」という〈現在の状態〉を表しています。cast は「〜を投げる」という他動詞ですが、原形・過去形・過去分詞のすべてが cast になることに注意しましょう。ここでは cast が be 動詞の後ろにあることから、過去分詞で受動態の文になっています。

🌀 horrible、desolate はともに後ろの island を説明しています。desolate は形容詞で「（土地が）荒れた」という意味です。全体では「恐ろしく荒廃した島に放り出された」となります。

◉ void of all hope of recovery は **being** が省略された分詞構文です。主語の状態を表していて、「もとの場所に戻れる望みはない」という意味になります。

訳 悪い点：私は恐ろしく荒涼とした島に放り出され、もとのところに戻れる望みは全くない。

② Good: But I am alive; and not drowned, as all my ship's company were.

◉ 文頭の But は、前文に対して反対の内容を述べることを表します。文頭の but は作文では避けたほうがよいと言われますが、この例のように実際に用いられることがあります。

◉ I am alive は、「私は生きている」という〈現在の状態〉を表しています。alive は形容詞で、「（人・動物・植物などが）生きて、生存して」という意味です。

◉ and not drowned は、and と not の間に I am を補って考えます。drown（～を溺死させる）の受動態になっており、〈S + be drowned〉で「（主語が）おぼれ死ぬ」という意味を表します。ここでは文脈から「嵐のために死んだ」というニュアンスがあります。

（ちなみに）(1) 動作動詞の受動態で、動作を強調したい場合には、be 動詞の代わりに get を使い〈get + 動詞の過去分詞〉とすることもできます。
(2) drown には「〈人・動物〉がおぼれ死ぬ」という自動詞の意味もあります。日本語の「おぼれる」とは異なり、drown は「おぼれ死ぬ」という意味を表すことに注意しましょう。

◉ as は接続詞で、〈様態〉を表し、「…（する）ように」という意味を表します。次の例で確認しておきましょう。

I did **as** I was told at the guidance session.（私は説明会の時に言われたようにやりました）

◉ all my ship's company were は、were の後ろに drowned を補って考えます。前半の (I am) not drowned と対照させる形で、「（私はおぼれ死んでいないが）船に乗っていた仲間たちはみんなおぼれ死んだ」という意味を表しています。

（ちなみに）company は可算名詞として「会社」「企業」、不可算名詞として「仲間」「友達」という意味があります。I enjoyed your **company**. は「あなたとご一緒できて楽しかったです」という別れ際のあいさつに使われますが、この company は「一緒にいること、同席」という意味で用いられています。不可算名詞の company は people と同じく複数扱いになります。

訳 よい点：しかし、私は生きている。私は、船の仲間たちのようには、おぼれ死ななかった。

Good: But $\underline{\text{I}}$ $\underaccent{\sim}{\text{am}}$ alive; and ($\underline{\text{I}}$ $\underaccent{\sim}{\text{am}}$) not drowned,

‹as $\boxed{\text{all my ship's company}}$ were (drowned)›.

①We are not justified in assuming that <u>class distinctions</u> **are actually disappearing**. ②The essential structure of England is still almost what it was in the nineteenth century. ③But real differences between man and man are obviously diminishing, and this fact is grasped and even welcomed by people who only a few years ago were clinging desperately to their social prestige.

(George Orwell, *The English Class System*)

* cling to ～：～にすがりつく、固執する   social prestige：社会的名声〔威信〕

 下線部で現在進行形が使われているのはなぜでしょうか？

A-Z | **英文法が語ること**   **現在進行形と過去進行形**

　単純時制の現在形や過去形が〈恒常性〉を表すのに対して、現在進行形や過去進行形はその時における〈一時性〉を表します。以下で例文とともに確認していきましょう。

│ 現在進行形が表すこと

　現在進行形〈is〔am, are〕+ -ing 形〉は、人やものが「～しつつある」「～しているところである」ということを表します。

① ある限定された時間軸における継続・持続性：「～している」

My father **is doing** the dishes in the kitchen.（私の父は台所で皿洗いをしています）

　動作動詞を進行形で用いると、出来事や行為が進行中であり、完了していないことを表します。なお、状態動詞には「～している」という意味があるため、進行形にできません。

② 一時的であること：「今のところ～である」

Ken **is working** hard.（ケンは一生懸命働いています）

　進行形は、行為が一時的であることも表します。現在形を使った Ken **works** hard. は「ケンは（<u>いつも以前と変わりなく</u>）一生懸命働く」という恒常的な意味を表しますが、上の例文のように進行形にすると、「<u>今のところ</u>よく働いている」「<u>今日に限って</u>よく働いている」という〈一時性〉を表します。もちろん、文脈によっては「今、一生懸命働いている」という意味にもなるので、文脈から意味を考えるようにしましょう。

（ちなみに） この用法では、He **is wearing** an expensive watch.（彼は<u>今日に限って</u>高級腕時計をしている）や、He **is** just **being** kind.（彼は<u>今、たまたま</u>親切にしてくれているだけです）のように、状態動詞を進行形にすることもできます。

③ 間近に迫っていること：「～しつつある」

The bus **is stopping**. （バスが（速度を落としながら）止まりかけている）

become / die / fall / get / go / stop など、ある状態から別の状態に変化していくことを表す動詞を進行形にすると、その動作の完了が間近に迫っていることを表します。

④ 繰り返ししていること：「（何度も）～している」

He **is knocking** on the door. （彼はドアを（何度も）ノックしている）

kick や knock などの打撃系の動詞に代表される、1回限りで完結する動作を表す動詞（瞬間的動詞）を進行形にすると、その動作を反復して行っていることを表します。

過去進行形が表すこと

過去進行形〈was〔were〕+ -ing 形〉は、「過去のある時に動作が進行していた」ことを表します。ここでは、過去形と過去進行形の違いについて考えてみましょう。

When I came home, my mother **cooked** dinner. （私が帰宅すると、母は夕飯を作った）
When I came home, my mother **was cooking** dinner.
（私が帰宅すると、母は夕飯を作っていた）

過去形の文は、私が帰宅してから母が夕飯を作り始めたという〈時系列〉が存在します。一方、過去進行形の文は、「母親が料理をしているところに、自分が帰宅した」という〈瞬間〉を切り取って示しているような感じがあります。

 英文法で迫る

下線部では、「～しつつある」という意味を持つ進行形を使うことで、英国の階級差による差別が「徐々になくなってきている」あるいは「いずれなくなるだろう」ということを表しています。主節で We are not justified in assuming that （～と考えることは正しくない）と書かれており、筆者であるジョージ・オーウェルは「人々は階級差がなくなりつつあると言っているけれど、その判断は誤っている」と指摘しているのです。

日本語訳

階級差別が実際になくなりつつあると考えることは正しくない。英国の本質的な構造は、依然として 19 世紀当時となんら変わっていないのだ。だが、人と人との間の本質的な相違は明らかになくなりつつあり、しかもこの事実は、ほんの数年前には必死になってその社会的名声にしがみついていた人々にも理解されているばかりか、歓迎されてさえいるのだ。

① We are not justified in assuming that class distinctions are actually disappearing.

◉ be justified in *doing* は「～するのは正当である」や「～するのももっともだ」という意味を表します。ここでは否定形になっているので、「～するのは正しくない」という意味になります。

◉ assuming that ... は、in の目的語となる動名詞句です。that 以下に文が続くことを意識しながら読み進めましょう。「～だと仮定する、決めてかかる、当然～と思う」という意味で、that 節内のことがらが誤っていることを含むこともあります。ここでは、are not justified（～するのは正しくない）とあることから、that 以下だと考えることは誤りであると筆者は述べているのです。

◉ disappear は「（人・もの・ことが）なくなる，存在しなくなる，消滅する」という意味の動詞です。become や die などと同じく、ある状態から別の状態に変化していくことを表す動詞なので、進行形にすると「～しつつある」という意味を表します。ここでは「階級差別がなくなりつつある」という意味で考えておきましょう。

訳 階級差別が実際になくなりつつあると考えることは正しくない。

② The essential structure of England is still almost what it was in the nineteenth century.

◉ The essential structure of England が主語、is が動詞、what it was in the nineteenth century が補語という構造です。副詞の still は動詞を、almost は補語を修飾しています。

◉ what it was in the nineteenth century の what は関係代名詞です。<what S is>「今の S」、<what S was ～ ago>「～前の S」、<what S used to be>「かつての S」のような形で使われます。what it was の it は The essential structure of England を指しています。

訳 英国の本質的な構造は、依然として 19 世紀当時となんら変わっていない。

③ But real differences between man and man are obviously diminishing, and this fact is grasped and even welcomed by people who only a few years ago were clinging desperately to their social prestige.

◉ この文には and が3つ出てきます。それぞれ何と何を結び付けているのかを意識しながら読み進めていきましょう。

- 最初の文の主語は real differences between man and man です。無冠詞の man を「人」「人間」という意味で用いていますが、現在は people、a human being を使うようになっています。動詞は are diminishing です。後ろに目的語がないので、diminish は自動詞で「減少〔縮小〕する」という意味だと気づくとよいでしょう。進行形で使われているので、「〜しつつある」という意味になります。

- この文で注目したいのは diminish です。これは、第1文の disappear の言い換えになっています。単語が言い換えられている場合、〈対比〉が潜んでいる可能性があるので、何が対比されているかを意識して読みましょう。ここでは、「階級差別がなくなりつつあると考えることは誤っている」が、「人間同士の本質的な相違はなくなりつつあることは明らかだ」という対比になっています。

- and に続く文の主語は this fact です。これは直前の real differences between man and man are obviously diminishing を指しています。

- 動詞は is grasped と (is) welcomed です。2つの動詞が and で結ばれ、重複する後者の is が省略されています。

- grasp はもともと「つかむ」「握る」の意味で、そこから「理解する、把握する」という意味が生まれました。日本語でも「内容をつかみ取る」は「内容を理解する」という意味なので、同じ感覚で理解できますね。他動詞の welcome は「〜を喜んで迎え入れる」という意味で、ここでは受動態になっています。

- by people は「この事実を理解し、受け入れている」人たちのことで、who 以下は、それがどのような人たちであるかを説明しています。were clinging と過去進行形になっているのは、その人たちが「過去のある時点で固執し続けていた」ことを表すためです。その時点よりも前から社会的名声にしがみついている人たちもいたはずですが、ここでは「数年前」という特定の時を切り取って、その時点で進行していた状況を述べているのです。

- desperately は「必死になって、絶望的に、やけになって」という意味の副詞で、clinging を修飾しています。by 以下をまとめると、「ほんの数年前には必死になって自分たちの社会的名声にしがみついていた人たちによって」となります。

訳 だが、人と人との間の本質的な相違は明らかになくなりつつあり、しかもこの事実は、ほんの数年前には必死になってその社会的名声にしがみついていた人々にも理解されているばかりか、歓迎されてさえいる。

But real differences between man and man are obviously diminishing,
and
this fact is grasped and even welcomed ⟨by people (who ⟨only a few years ago⟩ were clinging desperately ⟨to their social prestige⟩)⟩.

15

過去形と現在完了形

①This Tweet **violated** the Twitter Rules about spreading misleading and potentially harmful information related to Covid-19. ②However, Twitter **has determined** that it may be in the public's interest for the Tweet to remain accessible.

> 文脈 2020 年 10 月 11 日にドナルド・トランプ米国大統領 (当時) が短文投稿サイト Twitter に投稿した内容に対して、Twitter 社が出した警告文です。トランプ氏の投稿の上部にこの警告文が表示されました。

 第 1 文で violated という過去形が使われているのに対して、第 2 文で has determined という現在完了形が使われていますが、それぞれの表す意味はどう違うのでしょうか？

A-Z 英文法が語ること **現在完了形**

過去形と現在完了形の違い

〈現在完了形〉は、〈have 〔has〕＋動詞の過去分詞〉の形で、〈動作の完了〉〈現在までの経験〉〈状態・動作の継続〉など、過去のある時点の出来事が現在と関連があることを表します。同じく過去のある時点の出来事を表す過去形とは、どのような違いがあるのでしょうか。例として、「金の値段が安くなった」と言う場合を考えてみましょう。

(1) The price of gold **became** cheaper. 〈過去形〉
(2) The price of gold **has become** cheaper. 〈現在完了形〉

過去形を用いた文は、「(過去のある時点で) 金の値段が安くなった」という〈過去に起きたこと〉を表しますが、これでは「今の時点で安いかどうか」はわかりません (→ 13)。一方で、日本語の「金の値段が安くなった」は、「金の値段が下がった」結果、「今もその状態が続いている」という〈今の状態〉を表すことがありますが、その場合は過去形では意味を正しく表せません。そこで、「過去に起こった出来事が、今も継続している」という内容を表す現在完了形を用いることになります。このように、一見すると〈過去〉に思えるようなことでも、「金の値段が下がり、今でも安い状態」のように〈現在〉と関係している場合は、現在完了形を使って表します。次の例文で、過去形と現在完了形の文が伝える意味の違いについて確認しておきましょう。

(3) I **lost** my engagement ring last month. (先月、私は婚約指輪をなくしました)〈過去形〉
(4) I've **lost** my engagement ring. (私は婚約指輪をなくしてしまいました) 〈現在完了形〉

過去形の場合は、過去のある時点に「婚約指輪をなくした」ことを述べているだけで、現

在の時点でそれがどうなっているのかはわかりません。一方、現在完了形の場合は、過去が問題になっているのではなく、現時点で「婚約指輪はなくした状態のままで、今も見つかっていない」ということを表しています。

現在完了形から読み取れること

次の文は、話し手のどのような状態を表しているのかを考えてみましょう。

I **have been** to Finland.（私はフィンランドに行ったことがある）

現在完了形は〈現在までの経験〉を表すことがあります。しかし、文脈によっては、もっと深い意味を読み取ることができます。それは、「私はフィンランドに行ったことがあるから、フィンランドのことをいろいろと知っている」「思い返すと、フィンランドは楽しいところだったなぁ」というような、話者の気持ちです。どちらも、「今、知っている」や「今、思い出している」というように、基準が〈現在〉になっています。さらに、「フィンランドに行きたい」と言う友達に対して、I went to Finland. ではなく、上の文のように答えれば、「行ったことがあるから、いろいろ聞いてね」という含みも伝えることができるのです。

（ さらに ） 受験勉強をしていて大変そうな後輩に I know how you feel. I've been there before. と言うことがあります。この I've been there. は「そこに行ったことがある」という〈経験〉を表しますが、具体的な場所ではなく、「同じような状況にいた」ということを意味します。つまり、「あなたの気持ち、わかるよ。かつて同じような経験をしたことがあるから（かつて私もそうだったから）」のような比喩的な意味になるのです。

 英文法で迫る

第 1 文で This Tweet **violated** the Twitter Rules と過去形になっているのは、トランプ氏が投稿した内容が規則違反となったのが〈今〉ではなく〈過去の事実〉だからです。一方、第 2 文の Twitter **has determined** はどうでしょうか。「決めた」ことにより、トランプ氏の投稿がこの警告文とともにそのまま残されるようになりました。したがって、「過去に決めたことが現時点に至るまで引き続き有効である」ということを表すために、現在完了形が使われているのです。

日本語訳

このツイートは、Covid-19 に関連した誤解を招くような情報や有害となる可能性がある情報の拡散に関する Twitter のルールに違反しました。しかし、Twitter は、このツイートをアクセスできる状態にしておくことが公共の利益になる可能性があると判断しました。

① This Tweet violated the Twitter Rules about spreading misleading and potentially harmful information related to Covid-19.

◎ 左から読んでいくと、This Tweet が主語、violated が動詞で「〜を違反する」と後ろに目的語を取り、the Twitter Rules が目的語になっていることが確認できます。「このツイートが、Twitter 社のルールに違反した」という意味になります。

◎ about spreading misleading and potentially harmful information の spreading は、前置詞 about の目的語となる動名詞です。spread は「〜を拡散する、広める」という意味の他動詞なので、後ろに来る名詞が目的語になります。misleading は動名詞のように見えますが、ここでは information を修飾する現在分詞として使われています。potentially は形容詞 harmful（有害な）を修飾する副詞で、harmful は information を修飾しています。potentially harmful information で「害を引き起こす恐れがある情報」となります。

◎ related to Covid-19 の related は、過去形と過去分詞形のどちらであるかきちんと判断できなければなりません。動詞の relate は〈relate A to B〉という形を取りますが、ここでは relate の直後に目的語がありません。そこで、目的語 A を主語にした〈A is related to B〉という受け身になっている、または〈A related to B〉という A を後ろから修飾する過去分詞の形容詞用法になっていると考えます。ここでは、misleading and potentially harmful information が A に相当する語句で、related to Covid-19 はこれを後ろから修飾する過去分詞の形容詞用法として使われています。「Covid-19 に関連した誤解を招くような有害となる可能性がある情報」という意味になります。

訳 このツイートは、Covid-19 に関連した誤解を招くような情報や有害となる可能性がある情報の拡散に関する Twitter のルールに違反しました。

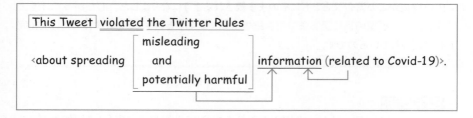

② However, Twitter has determined that it may be in the public's interest for the Tweet to remain accessible.

◎ 文頭の However は〈逆接〉を表す接続副詞です。接続詞ではないので、文と文をつなぐことはできないことに注意しましょう。

◎ Twitter が主語、has determined が動詞、that 節が目的語という第 3 文型の文になっています。目的語が that 節であることに注意しましょう。

◎ 次に、that 節内の文について見ていきましょう。it may be in the public's interest は「それは公衆の利益になるかもしれない」という意味です。it が指す内容は前に出てきていないので、後ろに it に関する情報が出てくると予想しながら読み進めます。すると、to remain accessible が出てくるので、it は形式主語で、to 不定詞が真主語になっていることがわかります。

（ちなみに）　主語の位置にある it は　① 前に出てきた名詞を受ける　② 後ろの to 不定詞や that 節、whether ～などの名詞節、動名詞を受ける形式主語　③ 天気、距離、時間の it　④ 強調構文　のどれかであると考えましょう。

◎ for the Tweet to remain accessible には、for the Tweet と to remain accessible の間に〈主語－述語〉の関係があることに注意しましょう。for the Tweet は to remain accessible の意味上の主語になっています。つまり、The Tweet will remain accessible（そのツイートはアクセス可能なままである）という意味を表しているのです。it 以下の文をあえて形式主語を使わない形にすると、for the Tweet to remain accessible may be in the public's interest となります。

訳 しかし、Twitter は、このツイートをアクセスできる状態にしておくことが公共の利益になる可能性があると判断しました。

However, Twitter has determined
[that it may be <in the public's interest> <for the Tweet> [to remain accessible]].

16

過去形と過去完了形

①Early in January my wife and I set out for Rome. ②<u>My affections **are** still so deeply attached to the Italy I **discovered** then — for the few months I **had spent** in it twenty-three years before **had told** me little or nothing —</u> that if I were to write at length about it now, gratitude would make me say too much, or dread of appearing extravagant tempt me to say too little.

（東京大学）

* little or nothing：ほとんど何もない　　gratitude：感謝（の気持ち）　　dread：恐怖

extravagant：大げさな　　tempt：〈人〉を誘惑する

> 文脈　英国の詩人、エドウィン・ミュア（Edwin Muir）の『自叙伝』（*An Autobiography*）の一節です。1921年から25年までヨーロッパを夫婦で周遊し、その後、ロンドン、プラハで生活をした後に、再びローマに行くことになった時のことを思い出す場面です。

 下線部で現在形のare、過去形のdiscovered、そして過去完了形のhad spent、had told が使われているのはなぜでしょうか？

 | 英文法が語ること　　過去完了形

過去完了形の基本

〈had+ 動詞の過去分詞〉の形で表すものを〈過去完了形〉といいます。過去完了形は、現在完了形と同じく〈動作の完了〉〈経験〉〈状態・動作の継続〉を表します。それぞれ例文を使って確認しておきましょう。

① 過去のある時点までの動作の完了 :「〜してしまっていた」

The movie **had** already **begun** when I arrived at the theater.
（私が映画館に着いた時には、すでに映画が始まっていた）

② 過去のある時点までの経験 :「〜したことがあった」

I **hadn't seen** an elephant before I was seven years old.
（私は7歳になるまで象を見たことがなかった）

③ 過去のある時点まで状態・動作の継続 :「ずっと〜していた」

They **had been married** for ten years when I met them.
（私が彼らと会った時、彼らは結婚して10年が経っていた）

いずれも、基準時が〈過去〉にあり、それよりも前に起きた出来事が基準時となる〈過去〉と関連があることがわかります。図解すると、以下のようになります。

〈had +過去分詞〉が表す世界〔領域〕　　　語っている現在

————————————————————————■—————————————○———→ (未来)

　　　　　　　　　　　基準時となる過去

大過去を表す過去完了形

過去完了形は、過去の出来事よりも前に起きたことを表す時にも使われます。これを〈大過去〉といいます。

The train was not so crowded as we had expected.

（電車は予想していたほど混んでいなかった）

〈had +過去分詞〉　　　　　　　　　　　語っている現在

————————————————————————■—————————————○———→ (未来)

　　　　　　　　　　　基準時となる過去

　2つの図を見れば、過去完了形は基準時が〈過去〉にあり、その過去の時点よりも前に起きたことについて表していることがわかります。特に物語形式の英文中に過去完了形が出てきたら、この認識を忘れずに読むようにしましょう。

 英文法で迫る

　この文の主語になっている「私」は、少なくとも2回イタリアに行ったことがあります。まず、1月初旬にローマに行ったことが〈過去形〉で書かれています。その時に、何か素敵な経験をしたのでしょう。その記憶が今でも残っていることを〈現在形〉で表しています。さらに、その23年前にもイタリアに行っていたと書かれていますが、それは基準時となる1月初旬よりも前に起きたこと（大過去）なので、〈過去完了形〉で表されているのです。これを整理すると、次のようになります。

　　［今］　　　　　　イタリアの思い出が今でも心に刻まれている　　〈現在形〉
　　［1月初旬］　　　ローマに夫婦で行き、そこで発見があった　　　〈過去形〉
　　［その23年前］　数か月間、イタリアで過ごした　　　　　　　　〈過去完了形〉

　ここから読み解くことができるのは、1月のローマ滞在で得たよい印象と、その23年前のイタリア滞在で感じたことを〈対比〉していることです。このように考えると、この後に「23年前に対して1月にはどんな素敵な経験をしたのか」ということが出てくるだろうと意識して読むことができるようになります。

1月初旬、私は妻と2人でローマに向かった。その時に私が発見したイタリアというものに、今でも深い愛着を抱いている。というのも、その23年前の数か月間の滞在から学んだことは、ほとんど何もなかったからだ。そのため、もし私が今、イタリアについて書こうものなら、感謝の気持ちのためにたくさん書きすぎるかもしれないし、大げさに思われてしまうことを恐れて書くのを控えめにするかもしれない。

英文を読み解く

① Early in January my wife and I set out for Rome.

◆ 通常は文末に置かれる〈時を表す副詞句〉が文頭に置かれていることで、「場面設定」の役割をもたせることができます（→ p.50）。つまり、この Early in January は、これから述べることの内容が、1月の初旬の出来事であるということだと示す役割があります。

訳 1月初旬、私と妻は2人でローマに向かった。

② My affections are still so deeply attached to the Italy I discovered then — for the few months I had spent in it twenty-three years before had told me little or nothing — that if I were to write at length about it now, gratitude would make me say too much, or dread of appearing extravagant tempt me to say too little.

◆ My affections が主語、are (still so deeply) attached が動詞です。attach A to B（A を B に結びつける）の A を主語にした受動態になっています。so が出てきますが、これはどのようなはたらきをするのかを考えながら読み進めましょう。

◆ to the Italy の後に I discovered then と続きますが、discover は他動詞ですが直後に目的語がありません。そこで、これは関係代名詞が省略された関係詞節で、discover の目的語に当たる the Italy が先行詞になっているのだと判断します。

◆ ここで注目すべきは、関係詞節の前にコンマがないことです。固有名詞に関係詞節が続く場合、原則としてコンマを入れた〈非制限用法〉になります。しかし、ここで言及しているのは、イタリアという国ではなく、「私」が滞在中に発見した「イタリアの一側面」です。Italy の前に the が付いていることからも、それがわかります。そのため、「私」が滞在中に発見したイタリア（の一側面）であることを限定するために、コンマを入れない〈制限用法〉が用いられているのです。

◆ ダッシュ（—）の後に長い文が挿入されています。挿入部分の最初に for が出てきますが、これは前置詞なのか接続詞なのかを考えながら読み進めましょう。for the few months

を「その数か月の間」と前置詞句としてとらえ、次に I had spent in it twenty-three years before を〈主語＋動詞〉の文としてとらえると、次に出てくる had told の主語がないことに気がつきます。そこで読みの修正をしましょう。**for を前置詞ではなく接続詞としてとらえる**と、the few months が主語で、I had spent in it twenty-three years before が the few months を説明している関係詞節だと判断できます。「23 年前」をago ではなく before で表しているのは、基準時が〈1 月初旬〉だからです。**ago は「現在から見て〜前」、before は「過去を基準として（その時より）〜前」という違いがある**ことに注意しましょう。

- had told me little or nothing は、〈tell ＋人＋目的語〉「〈人〉に〈物事〉を語る」の形になっています。「私に little or nothing を語った」は、「私に何も教えてくれなかった」「私は何も学ばなかった」などと考えましょう。little or nothing（ほとんど何もない）という熟語の後にダッシュがあり、ここで挿入部分が終わります。

- ダッシュの後に that が出てきますが、ここで文の最初に出てきた so のことを思い出しましょう。〈so 〜 that ...〉「あまりにも〜なので…」「…ほど〜」という構文になっています。

- if I were to write at length about it now は、主語が I、動詞が were ですので、義務・可能・尊敬・予定を表す〈be ＋ to 不定詞〉が仮定法過去で使われているとわかります。

- gratitude would make me say too much は〈無生物主語＋ make ＋ O ＋動詞の原形〉という形をとっています。また、would は仮定法で、if I were to write at length about it now に対応しています。

- or の後に続く文は、dread of appearing extravagant が主語で、tempt が動詞です。ここで、「主語が 3 人称単数なのに、どうして tempts になっていないのだろう？」と思えることが大切です。ここでは、前の文に出てくる仮定法の would が省略されているのです。〈tempt ＋人＋ to 不定詞〉は〈make ＋人＋動詞の原形〉と同じような意味で使われています。appearing extravagant は動名詞句で、〈appear ＋形容詞〉「〜のように思われる」が基底にあり、ここでは「大げさに思われること」という意味を表しています。

訳 その時に私が発見したイタリアというものに、今でも深い愛着を抱いている。というのも、その 23 年前の数か月間の滞在は、私にほとんど何も教えてくれなかったからだ。そのため、もし私が今、イタリアについてくわしく書こうとするなら、感謝の気持ちのためにたくさん書きすぎるかもしれないし、大げさに思われてしまうことを恐れて書くのを控えめにするかもしれない。

①When the moon rose he flew back to the Happy Prince. ②"Have you any commissions for Egypt?" he cried; ③"I am just starting."

④"Swallow, Swallow, little Swallow," said the Prince, "will you not stay with me one night longer?"

* commission(s)：委託、任務

文脈 『幸福な王子』（→ p.26）の一節です。幸福な王子の像は、街に困っている人がいるのを見つけては、自分の装飾品を与えるようにツバメにお願いをします。この文は、エジプトに向かうのを一時中断し、「1回限り」という条件で王子の依頼に応えたツバメが、王子のところに戻ってきた場面です。本文中の he はツバメを指しています。

下線部のツバメの発言で、現在進行形が使われているのはなぜでしょうか？

A-Z 英文法が語ること　　未来を表す表現

　英語には、〈will ＋動詞の原形〉や〈be going to ＋動詞の原形〉以外にも未来を表す表現があります。同じ未来を表す表現でも、使われる形によって表す意味が違ってきます。未来を表す表現が出てきたら、なぜその形が使われているのかを考えるようにしましょう。

現在進行形が表す未来

　現在進行形が〈現在進行中の動作〉のほかに〈間近に迫っていること〉を表すことは、14で確認しました。その時に示した例文を改めて見てみましょう。

The bus **is stopping**.（バスが（速度を落としながら）止まりかけている）

　ここでおさえておきたいのは、バスが止まるのは〈これからのこと〉だということです。このことから、現在進行形が〈未来〉に生じることを表す可能性があるということがわかります。

　現在進行形で〈未来〉を表す場合、次の2つの制約があります。

①〈とても近い未来〉しか表すことができない

　上で確認したように、現在進行形は〈間近に迫っていること〉を表すので、〈とても近い未来〉しか表すことができません。今から4年後のことなど、遠い未来のことを進行形で表すことができないので注意しましょう。

②〈予定〉〈計画〉されていて〈確実に生じること〉を表す

　クリスマスの歌に "Santa Claus **is Coming** to Town"（サンタが町にやってくる）があり

ますが、これは、まだサンタクロースは来ていないが、夜になればやってくる、つまり〈確実に生じること〉を表しています。未来を表す現在進行形では、主に「行く」「来る」「到着する」「出発する」といった意味を持つ動詞が使われます。

未来進行形

〈未来進行形〉は、〈will be –ing〉の形で「ある未来の時点に～しているだろう」という〈予測〉を表します。

We **will be landing** at Sydney Kingsford Smith International Airport in about 5 minutes.
（この飛行機はおよそ5分でシドニー・キングスフォード・スミス国際空港に到着します）

飛行機に乗っていて、目的地が近くなるとこのようアナウンスがありますが、これは「5分経つ頃には、飛行場に着陸している状態になるだろう」という、未来のある時点で起こることの予測を表しています。

 英文法で迫る

下線部は、現在進行形を使って近い未来の〈予定〉を表しています。未来のことを表すのに will や be going to を用いていないのはなぜでしょうか。

助動詞の will を使うと、「今、やることを決めた」という感じがします。たとえば、「部屋の片付けをしてね」と言われて「わかった、やっておくよ」と答える場面を考えてみましょう。この場合、「今、言われて片付けをすることを決めた」という感じになるので、OK, I will. と will を使って答えます。また、be going to を使うと、「すでに予定として決めているが、まだ準備をしていない」と解されることがあります。

一方、現在進行形は、すでにやることを決めて、準備をし終えた未来の活動を表します。現在進行形が使われていることから、すでに気持ちの上ではエジプトに向かっている、そして、今にでもエジプトに行きたいと願うツバメの気持ちが読み取れるでしょう。

日本語訳

月が出るころ、ツバメは幸福な王子のところへ戻ってきました。「何かエジプトでしてほしいことはありますか？」そして彼は、声を張り上げて言いました。「いよいよ出発です」
「ツバメよ、ツバメよ、小さなツバメさん」、王子は言いました。「もうひと晩だけ長く、私といっしょにいてはもらえないだろうか？」

① When the moon rose he flew back to the Happy Prince.

◎ rose は自動詞 rise「昇る」の過去形です。「〜を上げる」「〜を育てる」という意味の他動詞 raise と混同しがちですので、以下の表でその変化を確認しておきましょう。

| S が昇る（自動詞） | rise | rose | risen | rising |
| S が O を上げる（他動詞） | raise | raised | raised | raising |

◎ he は「ツバメ」のことを指します。fly back to は「〜に飛んで戻ってくる」という意味ですので、「ツバメが幸福な王子のところに飛んで戻ってきた」という意味になります。

（ちなみに）run back to だと「〜に走って戻ってくる」、walk back to は「〜に歩いて戻ってくる」という意味です。

訳 月が出るころ、ツバメは幸福な王子のところへ飛んで戻ってきました。

② "Have you any commissions for Egypt?" he cried;

◎ Have you の後に動詞の過去分詞がないことに気づきます。一般動詞 have を使った疑問文は Do you have any commissions for Egypt? という形になりますが、イギリス英語では、このように一般動詞の have を助動詞的に扱って文頭に出した形になることがあるのです。

◎ commission は「託された任務」のことです。全体では、「エジプトで私が果たすべき任務を何か託しますか?」つまり「私に何かエジプトでしてほしいことはありますか?」という意味になります。

（さらに）今夜エジプトに発つことを決めているツバメの心は、かの地で待ってくれているはずの仲間たちのことで満たされています。この街から去るつもりでいるのに、やっぱり王子のことが大好きなツバメは「エジプトでしてほしいことはありますか?」と聞くのです。

◎ he cried の cry は、ここでは「涙を流して泣く」という意味ではなく「大声をあげる, 叫ぶ」という意味で使われています。

訳 「私に何かエジプトでしてほしいことはありますか?」そして彼は大声でこう言ったのです。

"Have you any commissions ‹for Egypt›?" he cried;

③ "I am just starting."

● start は「出発する，動き始める」という意味です。ここでは後に続く toward〔for, to〕Egypt が省略されています。

● 副詞の just を進行形とともに用いると、「ちょうど（〜して）」となる場合と「〜しかかって」という意味になる場合があります。ここでは、気持ちの上ではエジプト行きになっていて、今すぐにでも出発できるような状態なので、「〜しかかって」の意味で使われています。

訳 「いよいよ出発です」

④ "Swallow, Swallow, little Swallow," said the Prince, "will you not stay with me one night longer?"

● said the Prince は主語と動詞の語順が逆になっています。直接話法で「誰が言った」ということを表す場合、① John said, "I am happy."　② "I am happy," John said.　③ "I am happy," said John. の形がありますが、物語では③が多く用いられます。

（さらに）物語では、次のように発話の途中に入ることもあります。

"I would be happy," **said John**, "if I had a lot of money."

こうすると、"I would be happy if I had a lot of money," said John. よりも、途中に間が入ることにより、読み手を物語に引き込む効果を生み出します。ここでもこの書き方になっていますが、王子の発話を通して、読者に王子の気持ちに同情させたり、共感させたりする効果があるといえます。

● Will you not ...? はやや古い言い方で、Won't you ...? と同じく、「…してくれませんか？」という依頼の表現として使われます。

● one night longer は「もう一晩だけ長く」という意味で、one more night と同じ意味で使われています。

訳 「ツバメよ、ツバメよ、小さなツバメさん」、王子は言いました。「もうひと晩だけ長く、私といっしょにいてはもらえないだろうか？」

"Swallow, Swallow, little Swallow," said the Prince, "will you not stay with me one night longer?"

📖 読書案内 『ロビンソン・クルーソー』

『ロビンソン・クルーソー』(*The Life and Strange Surprising Adventures of Robinson Crusoe*)(1719 年)は、イギリス人の作家ダニエル・デフォー (Daniel Defoe, 1660-1731) によって書かれた冒険物語です。この物語の大半が、無人島での生活の様子になります。

あらすじ　　　　　　　◆

　ロビンソンは、クイーンズハーバーに向けて出航しました。航海は波乱に満ちたもので、船は嵐で難破しました。ロビンソンはアフリカ行きの船に乗るも、今度は海賊に乗っ取られ、ムーア人の奴隷となってしまいます。2 年後に脱走し、西アフリカの海岸でポルトガルの帆船の船長に助けられたロビンソンは、ブラジルに到着します。船長の助けもあり、そこで大きな農園を手に入れました。

　数年後、ロビンソンは奴隷船に加わりますが、嵐に遭遇し、無人島に漂流します。彼はそこで 28 年間過ごすことになります。犬を見つけいっしょに暮らし、オウムにはことばを教えようとします。こうして無人島では、幸せと不幸せのどちらが多いのか記録し、幸せが多いことで前向きになって生活をします。

　島に着いてから 10 年が経ったところで、ロビンソンは先住民が人を食べていることを知ります。そこで、命がけで捕虜を助け出します。この捕虜を助けた日が金曜日だったので、彼を「フライデー」と名付けました。

　やがて、無人島に英国船が来て、それに乗って故郷に戻ることができました。故郷では、仲間の助けもあり、事業に成功し、結婚もします。妻が亡くなると、ロビンソンは再び旅に出てしまうのです。

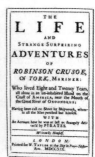

1719 年初版の扉のページ

💬 *Fear of danger is ten thousand times more terrifying than danger itself.*
　（危険を恐れることは、危険それ自体よりも 1 万倍の恐怖がある）

第 5 章

助動詞で迫る

助動詞には書き手や話し手の気持ちを表現するは
たらきがあります。しがたって、英文中に助動詞
が出てきたら、そこから書き手の気持ちを読み取
ることができるのです。ここでは、助動詞を用い
た表現である仮定法も含めて、助動詞から読み取
れることを学んでいきましょう。

18

助動詞のはたらき (1)

①Dear Prince, <u>I **must** leave you, but I **will** never forget you</u>, and next spring I will bring you back two beautiful jewels in place of those you have given away.　②The ruby shall be redder than a red rose, and the sapphire shall be as blue as the great sea.

文脈 『幸福な王子』(→ p.26) の一節です。街の貧しい人を助けたい幸福な王子は、その身を飾る金や宝石を彼らに配るようにツバメに頼み続け、ついには自分の目である宝石すら与えてほしいと依頼しました。この文は、「これが最後ですよ」と言って依頼に応えたツバメが、遣いを終えて王子のもとに戻り、別れのあいさつをしている場面です。

? 下線部の must を have to に、will を am going to に置き換えると、意味は変わると思いますか？　変わるとすればどのように変わりますか？

 A-Z **英文法が語ること**　must / will

助動詞は話し手や書き手の〈きもち〉を表す

助動詞の will、can、may、must には、話し手や書き手の〈きもち〉を伝えるはたらきがあります。つまり、助動詞に注目すれば、話し手や書き手の〈きもち〉を読み取ることができるといえます。ここでは、must と will が表す〈きもち〉を確認していきましょう。

強い義務（強制）と確かな推量を表す must

must は〈義務・強制〉と〈強めの推定〉を表します。

You **must** go home now.　（あなたたちは今すぐ家に帰らなければならない）

この文は、話し手が主語の You に対して強制的に「〜しなければならない」と思っていることを表します。強い強制性があるので、命令文と同じ意味で使われることもあります。

This news **must** be true.　（このニュースは真実に違いない）

この文は、話し手が主語の This news に対して「そうである可能性が高い」と思っていることを表します。場合によっては、「主観的で、強い思い込み」のようなニュアンスになることもあります。〈義務・強制〉にも〈強めの推定〉にも、「こうであってしかるべきだ」という強い思いが根底にあると考えることもできますね。

must と have to の違い

(1) I **must** stop smoking.
(2) I **have to** stop smoking.

どちらの文も「タバコをやめなければならないと思っています」という意味になりますが、1人称主語で must を使うと、「健康のためにタバコをやめよう」のように〈内的意志〉を表します。つまり、〈強い義務感〉を自分に課していることがわかります。一方、have to は、「医師から忠告や命令をされる」のように〈外的要因〉に迫られている場合に使われます。

〈話し手や書き手の気持ちや意志を表す〉を表す will

will には〈単純未来〉の用法と〈話し手の気持ちや意志を表す〉用法があります。〈単純未来〉は、I'll be eighteen next week.（私は来週 18 歳になります）のように、話し手の気持ちや意志とは関係なく、未来に生じることを表す用法です。一方、〈話し手の気持ちや意志を表す〉用法では、I'll answer the phone.（私が電話に出ます）のように「〜するつもりだ」という〈主語の意志〉を表したり、He **will** be sleeping now.（彼は寝ているはずだ）のように話し手が発話時に〈推量〉していることを表します。

will と be going to の違い

(1) I'**ll** answer the phone.
(2) I'**m going to** answer the phone.

(1) は、不意に電話が鳴った時に、「私が出ます」と相手に伝えるための表現です。これを (2) のように言うと、「電話が鳴ることが前からわかっていて、ずっと待ち構えていた」という意味になります。be going to は、すでに決まっている予定を表す場合に使うからです。電話が鳴った、そこで私が出ようというような、「今、この場でやろうと決めた」という話し手の〈きもち〉を will から読み取りましょう。

 英文法で迫る

下線部では、ツバメの「どうしてもエジプトに行きたい」という強い思いが must によって表されています。これを have to にしてしまうと、ツバメのエジプト行きに対する強いこだわりが失われてしまいます。また、「この場を去ることにはなるけれど、王子のことは決して忘れない」という強い意志が will によって表されています。これを be going to にしてしまうと〈予定〉になってしまい、ツバメの決意を読み取ることができなくなります。

> ### 日本語訳
> 王子様、ぼくは旅立たなければなりませんが、あなたのことは決して忘れません。来年の春には、あなたが譲ってなくなってしまったルビーとサファイアの代わりに、美しい宝石を2つ持ってきます。赤いバラよりももっと赤いルビーと大海原にも匹敵するくらい青いサファイアを。

① Dear Prince, I must leave you, but I will never forget you, and next spring I will bring you back two beautiful jewels in place of those you have given away.

🌼 Dear prince は、愛情を込めた呼びかけです。

🌼 I must leave you の leave には、「（～に向かって）出発する」「去る」という自動詞の意味と，SVO の形で「S が O を去る，離れる」、SVOC の形で「S が O を C のままにしておく」という他動詞の意味があります。leave you のように目的語に〈人〉が置かれる場合は、〈人〉は夫・妻・恋人であることが多く、その人とお別れする場合に使われます。ここでは、「私があなたのもとを離れる」という意味で leave が使われています。

🌼 but I will never forget you の will forget は、話し手であるツバメの「あなたのことは決して忘れません」という強い意志を表しています。

🌼 next spring I will bring ... の will も、ツバメの強い意志を表しています。

🌼 bring back は、〈bring ＋人＋もの＋ back〉〈bring ＋もの＋ back to 人〉〈bring ＋人＋ back ＋もの〉〈bring back ＋もの＋ to〔for〕人〉という 4 つの形で「人にものを返す、持って帰ってくる」という意味を表します。〈bring back ＋もの＋ to〔for〕人〉の形では to と for で意味が異なり、to は「人にものを返す」という意味に、for は「人のためにものを持って帰る」という意味になります。ここでは〈bring ＋人＋ back ＋もの〉の形をとっています。

🌼 in place of ～は「～の代わりに，～と交換に」という意味です。those は、jewels という名詞の反復を避けるために使われています。

🌼 you have given away の前には関係代名詞 that を補って読みます。先行詞は those で、全体では「あなたが譲ってあげたものの代わりに」という意味になります。

> 訳 王子様、ぼくは旅立たなければなりませんが、あなたのことは決して忘れません。来年の春には、あなたが譲ってなくなってしまったルビーとサファイアの代わりに、美しい宝石を 2 つ持ってきます。

<Dear Prince>,
I̅ must leave you, but I̅ will never forget you,
  and
<next spring> I̅ will **bring** you **back** two beautiful jewels
                <in place of those ((*that*) you have given away)>.

② The ruby shall be redder than a red rose, and the sapphire shall be as blue as the great sea.

🔵 The ruby shall be ... の shall は〈話し手の意志〉を表します。この文の話し手はツバメですから、ツバメの意志が表されています。

🔵 be redder than a red rose は比較級の文で、「赤いバラよりももっと赤い」という意味を表します。全体では、「赤いバラよりもさらに赤い、立派なルビーを（私が）持って帰ってきますよ」という意味になります。shall が使われていることで、赤いバラよりもさらに赤い、立派なルビーをエジプトから持ち帰るというツバメの強い気持ちを感じることができます。

🔵 the sapphire shall be ... の shall も、話し手であるツバメの意志を表しています。

🔵 as blue as the great sea は〈A is as X as B〉という形容詞の原級を用いた比較で、A と B の程度は X に関して言えば同じである、ということを表しています。ここでは、サファイア（の輝く色）は「青さ」という点に関して言えば、大海原（の輝く色）と遜色はない、ということになります。

(さらに) ここで shall の主な用法を確認しておきましょう。
① 相手の意向をたずねる：主に 1 人称主語で用います。
  Shall I open the window? （窓を開けましょうか？）
② 単純な未来を表す：主に 1 人称主語で用います。イギリス英語によく見られた用法ですが、最近ではほとんどが単純未来の will で表されるようになりました。
  I **shall** leave tomorrow. （私は明日出発します）
③ 話し手の意志により主語に対して何らかの強制力を示す：2 人称・3 人称主語で用います。
  You **shall** have my answer tomorrow. （明日、私の返事を伝えます）
  She **shall** clean the room. （彼女に部屋の掃除をさせます）
④ 話し手の強い意志を表す：特に never などの否定を伴って用います。次の例文は、第二次世界大戦中の英国首相、チャーチルの言葉です。このほかに、法律などの文書で「〜すべきだ」という意味で用いられます。
  We **shall never** surrender! （我々は決して降伏などしないのだ！）

訳 ルビーは赤いバラよりももっと赤く、それから、サファイアも大海原と同じぐらいに青くなるでしょう。

The ruby | shall be redder ‹than a red rose›,
  and
the sapphire | shall be ‹as blue as the great sea›.

19

助動詞のはたらき（2）

🔊音声 19.mp3
英文難易度 ★☆☆

①You **may** return most new, unopened items sold by Amazon within 30 days of delivery for a full refund. ②For the 2020 holiday season, most of the items shipped between October 1 and December 31 can be returned until January 31, 2021.

* refund：返金

文脈 米国の通販サイト Amazon.com の返品ポリシーからの引用です（一部改変）。

? 下線部の may を can に書き換えた場合、意味はどのように変わりますか？

英文法が語ること can と may

〈能力・可能〉と〈可能性〉を表す can

　ここでは、can と may の表すものについて見ていきましょう。まずは can です。can には〈能力・可能〉と〈可能性〉を表す用法があります。

① 主語の能力・可能を表す：「〈主語〉が～できる」

(1) Yuto **can** speak Italian. 　（ユウトはイタリア語を話すことができます）

(2) You **can** take a horse to the water, but you **cannot** make him drink.
　（馬を水際に連れていくことはできるが、飲ませることはできない）

(3) You **cannot** enter this building. 　（この建物に入ることはできません）

　(1) には〈能力〉を表す can が使われています。一方、(2) に使われている can は〈可能〉を表しています。この文は、「他人に対してどんなにすばらしい機会を提供したとしても、それをやるかどうかは本人の努力次第である」ということわざですね。また、(3) のように、否定形の cannot を使って〈不許可〉を表す用法もあります。許可を表す can は〈可能〉の意味が拡張されたものです。

② 可能性があることを表す：「～することもある〔あり得る〕」

(1) Swimming in this river **can** be dangerous.
　（この川で泳ぐのは危険な場合があり得る）

(2) This news **can't** be true. 　（このニュースは真実であるはずがない）

(3) **Can** this news be true? 　（このニュースは真実であり得るだろうか？）

　〈可能性〉を表す can は、肯定文では「～であり得る」という意味を表します。否定文では「～であるはずがない」という強い否定的な推量を、疑問文では「～あり得るだろうか」という強い疑い、驚き、不信感を表します。

〈許可〉と〈可能性・推量〉を表す may

一方、may には〈許可〉と〈可能性・推量〉を表す用法があります。

① 主語に与える〈許可〉:「〜してよい」

(1) You **may** go now. （今、出ていってもよいです）

(2) You **may not** smoke here. （ここでタバコを吸ってはいけません）

(3) **May** I use your dictionary? （あなたの辞書を使ってもよいですか?）

〈許可〉を表す may は、立場が上の者が下の者に許可を出すことを表すので、親しい間柄では You can go now. のように can を使います。また、疑問文の May I 〜? も、自分よりも相手の立場が上である場合に使うていねいな表現なので、親しい間柄では Can I 〜? を使います。

② 50%の〈可能性・推量〉:「〜かもしれない」

It **may** rain at any moment. It's getting dark.

（今にも雨が降るかもしれない。暗くなってきた）

実現可能性が 50%ぐらいだと話し手が思っている時には may を使います。

ちなみに　Taro may not come. は「あいまいな文」で、2つの意味があります。Taro may [not come]. と考え、come を強く発音すると、「タロウは来ないかもしれない」という〈推量〉を表します。一方、Taro [may not] come. と考え、not を強く発音すると、「タロウは来てはいけない」という〈不許可〉を表します。

 英文法で迫る

「返品が可能である」ことを伝える時の、返品を受け付ける側と、返品する側の立場を考えてみます。may を使う場合は、相手に許可を与えることができる権限を持っていることが前提となります。許可を表す can を使う場合は、相手との関係性を考える必要がなくなりますので、くだけた感じになります。そのため、法律や規則で〈許可〉を表す場合には may が使われるのが一般的です。この文は、Amazon という企業が決定した返品規則なので、フレンドリーな感じで「返品 OK だよ」というわけにはいきませんよね。だから may が使われているのです。

日本語訳

Amazon で販売されている未使用・未開封の商品のほとんどは、商品到着後 30 日以内であれば返品して全額返金を受けることができます。2020 年のホリデーシーズンについては、10 月 1 日から 12 月 31 日の間に発送された商品のほとんどは、2021 年 1 月 31 日まで返品が可能です。

① You may return most new, unopened items sold by Amazon within 30 days of delivery for a full refund.

❀ You may return の may は、〈許可〉を表しています。may を使うことで、返品できることが Amazon の規則によって決められていることを示しています。

❀ most は後に続く語を修飾していると考えて読み進めましょう。すると new, unopened items が出てくるので、これが他動詞 return の目的語だとわかります。new と unopened という2つの形容詞が items を修飾していて、全体では「たいていの未使用で未開封の商品」という意味になります。

❀ sold by Amazon の sold は、前の items を修飾する限定用法の過去分詞で、「アマゾンによって販売されている（たいていの未使用で未開封の）商品」という意味になります。

❀ within 30 days of delivery は「配達されてから 30 日以内に」という意味です。この of は〈分離〉の of と呼ばれるもので、「配達された時点から離れること 30 日以内に」→「配達されて 30 日以内に」という意味になります。「私は駅から 1 キロ以内のところに住んでいます」を英語にすると I live within a kilometer of the station. となりますが、ここでも「駅から離れること 1 キロ以内に」ということで〈分離〉の of が使われます。

❀ for a full refund は動詞の return とつながっており、〈return ～ for a full refund〉で「～を返品して商品代金を全額返済してもらう」という意味で用いられています。この for は「～と引き換えに」という〈交換〉を表します。

❀ refund には、他動詞として「～を払い戻す、返済する、返金する」という意味と、名詞として「払い戻し、払戻金、返金」の意味があります。ここでは、a full refund となっていることから名詞の refund だとわかります。a full refund は「全額返金」という意味になります。

訳 Amazon で販売されている未使用・未開封の商品のほとんどは、商品到着後 30 日以内であれば返品して全額返金を受けることができます。

You may return most new, unopened items (sold by Amazon)

<within 30 days of delivery> <for a full refund>.

② For the 2020 holiday season, most of the items shipped between October 1 and December 31 can be returned until January 31, 2021.

💠 For the 2020 holiday season の for は〈関連〉を表し、「2020 年のホリデーシーズンに関しては」という意味になります。ちなみに、ホリデーシーズンとはアメリカ英語では「感謝祭（10 月の第 4 木曜日）から新年にかけての期間」を、イギリス英語では「多くの人たちが休暇を取る夏の期間」を指します。この文はアメリカの Amazon.com のものなので、前者の意味になります。

💠 most of the items の後に shipped が来ているので、これが動詞だと思って読み進めると、can be returned が出てきます。そこで、shipped between October 1 and December 31 は items を修飾する過去分詞の限定用法で、動詞は can be returned だったのだと読みを修正します。

（ちなみに）読みに慣れてくると、most of the items shipped まで読んだところで、「商品が配達した」ではおかしいと感じ、「この shipped は動詞の過去形ではなく過去分詞として items を修飾している」と判断できます。

💠 can be returned until January 31, 2021 の can は「〜することができる」という意味です。前の文に「商品到着後 30 日以内であれば返品を受け付ける」という規則がありましたが、ホリデーシーズンに関しては、10 月 1 日から 12 月 31 日の間に発送された商品のほとんどは、翌年の 1 月 31 日まで返品可能であると言っているのです。

訳 2020 年のホリデーシーズンについては、10 月 1 日から 12 月 31 日の間に発送された商品のほとんどは、2021 年 1 月 31 日まで返品が可能です。

<For the 2020 holiday season>,

most of the items (shipped between October 1 and December 31)
                ↑_____|

can be returned <until January 31, 2021>.

20

助動詞のはたらき（3）

①As we're surrounded by so much packaging nowadays, <u>you **might** think it has always been there</u>. ②Yet two hundred years ago, the average household in Western society produced almost no garbage as we understand it today.

（津田塾大学）

 下線部で **might** が使われているのはなぜでしょうか？

A-Z **英文法が語ること** **助動詞の過去形**

　助動詞の過去形は、〈過去〉以外の意味を表すことがあります。英文を読み解く際のカギになることもあるので、その意味をきちんと理解しておきましょう。ここでは、could、might、would の注意すべき意味を確認します。

┃ could の注意すべき意味

① 〈能力〉〈許可〉を表す can の過去形

　(1) Megumi **could** speak French by the age of 10.
　　（メグミは 10 歳までにフランス語を話すことができた）

　(2) Many years ago, people **could** officially smoke inside the train carriages.
　　（かなり前は、列車内で喫煙が公式に可能でした）

　(1) では〈能力〉を、(2) では〈許可〉を表す can の過去形として使われています。ただし、〈能力〉を表す can の過去形として使う場合は注意が必要です。「大学入試に合格できた」とか「昨日は 10 キロを 1 時間で走ることができた」というような〈特定の 1 回だけの出来事〉を表す場合には could を使うことができません。このような場合には、be able to、manage to、succeed in などの表現の過去形を使うか、動詞の過去形で表します。

② 現時点での可能性に言及する could

　(1) You **Could** Win Up To $40,000.　（最高 4 万ドルが当たります）

　(2) The next meeting **could** be postponed.　（次回の会議は延期される可能性があります）

　(1) は広告に書かれていた文で、「最高 4 万ドルが当たるかもしれない」という〈現在の可能性〉を表しています。ただし、その確率は高くなく、「ひょっとすると当たるかもしれません」という意味が含まれています。また、(2) は「次回の会議について言えば、延期される可能性が（低いけれど）あります」という意味を表します。このように、個別のことがらについて言及する場合は、can ではなく could が用いられます。

might の注意すべき意味

The next meeting **might** be postponed. （次回の会議は延期される可能性があります）

might は〈低い可能性〉を表します。may で表される可能性が 50％だとすると、それよりもやや低い可能性であるととらえておきましょう。上の例文は、「会議は延期されるかもしれないし、されないかもしれない」といった意味になります。ちなみに、可能性が高い順に助動詞を並べると、おおむね must > will > would > may > might > can > could となります。

would の注意すべき意味

① 過去の習慣を表す would：「かつては〜したものだった〔したりしていた〕」

I **would** go fishing with my father on Sundays.

（日曜日には父と釣りに行ったりしていた）

would はこの文のように個人の体験を回想する時に使います。

② 遠回し・ていねいを表す would

Would you call me tomorrow evening? （明日の晩にお電話をいただけますか）

would を使うと、遠回し、ていねい、遠慮がちであることを伝えることができます。上の例文は、Will you ...? と言うよりもていねいな表現になります。また、「コーヒーと紅茶、どちらになさいますか?」と聞かれた時に、Tea **would** be nice. （紅茶をお願いします）と答えると、ていねいな印象を与えます。

 英文法で迫る

この筆者は「商品の過剰な包装は昔からあったわけではない」と述べていますが、「過剰な包装が昔からあったと思っている人なんているわけない」のように強く否定をしているわけではありません。そこで、断定的な表現を避けて、低い可能性を表す助動詞の might を使って「そんなことを思っている人も、もしかしたらいるかもしれません」のように遠回しに表現しているのです。

日本語訳

現代の私たちの身の回りにはかなりたくさんの包装材があるため、包装は昔からずっとあったものだと思うかもしれません。しかし、200 年前の西欧社会の平均的な家庭では、現在の私たちが思っているようなゴミはほとんど出ていませんでした。

① As we're surrounded by so much packaging nowadays, you might think it has always been there.

- as は〈時〉〈比例〉〈様態〉〈理由〉〈譲歩〉などを表す接続詞です。ここでは「〜のため」「〜なので」という〈理由〉の意味で考えます。

- we're surrounded by 〜は「私たちは〜に囲まれている」という意味の受動態です。by の後に私たちを囲んでいるものが続きます。

- so much packaging の so は much を修飾する副詞で、「とても、かなり」という意味を表します。much は不可算名詞の packaging を修飾する形容詞で、全体では「かなりたくさんの包装材」という意味になります。

- nowadays は「今日では」を表す副詞です。recently や lately は現在完了や過去時制とともに用いられますが、nowadays は原則として現在時制とともに用いられます。

- you might think は、〈低い可能性〉を表す might を使うことで、「もしかしたらあなたはこんなふうに思うかもしれませんが」と控えめな表現になっているのです。

- it 以下は think の目的語に当たる節です。it は packaging を受けています。has always been は現在完了の〈継続〉の用法で、「ずっと常にあり続けている」という意味になります。

- be there の be 動詞は「ある」という存在を表します。be there で「（主語がそこに）存在する」という意味になっています。

> **訳** 今日では、私たちはかなりたくさんの包装材に囲まれているので、包装は昔からずっとあったものだと思うかもしれません。

⟨As we 're surrounded ⟨by so much packaging⟩ nowadays⟩,
you might think [it has always been there].

---

② Yet two hundred years ago, the average household in Western society produced almost no garbage as we understand it today.

- 文頭に yet が置かれると、「しかし」「それにもかかわらず」「それでも」という意味の接続詞として使われます。ここでは、「しかし 200 年前には」という意味になります。

◎ average には名詞「平均 (値)」、形容詞「平均の」、動詞「〜を平均化する、平均すると〜になる」の用法があります。ここでは、定冠詞の the と household という名詞にはさまれているので、形容詞の「平均の、普通の」という意味で使われていることがわかります。

◎ the average household in Western society「西欧社会の平均的な家庭」が主語、produced が動詞です。produce は他動詞なので、**目的語が何かを考えながら読み進めましょう**。

> (ちなみに) produce は、語源的には pro「前に」+ duce「導く」で「前に出す」→「〜を生み出す」となっています。同じ -duce を含む語には、reduce (re「後ろに・再び」+ duce「導く」=「後ろに導く」→「後退させる」→「〜を減少させる」)、induce (in「中に」+ duce「導く」=「人の内面に導く」→「〜を勧めてやる気にさせる」)、seduce (se「離れる」+ duce「導く」=「正しい道から離れたところに導く」→「〜を誘惑する(悪い方向に意識を向けさせる)」)などがあります。

◎ almost no garbage が produced の目的語です。almost が no を修飾していますが、no は「ゼロの」という意味の形容詞なので、「ゴミの量はほとんどゼロに近かった」→「ほとんどゴミはない」という意味になります。

◎ as we understand it today は、直前の garbage を説明しています。〈名詞 + as we understand〔know〕it today〉で「私たちが知っている〔誰でも頭に思い浮かべるような〕、現在あるような〈名詞〉」という意味になりますが、このような as を〈名詞限定の as〉と呼ぶことがあります。Mt. Fuji **as** (it is) seen from my house is incredibly beautiful. (我が家から見た富士山はえも言われぬ美しさである) のように、as 節内が受け身になると、it is の部分は省略される傾向にあります。

> **訳** しかし、200年前は、西欧社会の平均的な家庭は、現在の私たちが思っているようなゴミはほとんど出ていませんでした。

〈Yet two hundred years ago〉,

the average household 〈in Western society〉 produced almost no garbage

(as we understand it today).

①If the EU were to recycle food waste as pig feed at similar rates to the East Asian states, this **would** spare 1.8 million hectares of global farmland, an area half the size of Germany, including more than a quarter of a million hectares of Brazilian soybean.

（同志社大学）

文脈 「大豆を主原料とする飼料を生産するには多くの土地を必要とし、温室効果ガスも発生する。食品廃棄物を再利用した飼料に置き換えることは、環境に利益をもたらす」という内容に続く文です。

 下線部の would から、どのようなことがわかるでしょうか？

A-Z **英文法が語ること** 仮定法（1）

動詞・助動詞の過去形が表すことがら

20 で助動詞の過去形の注意すべき意味について確認しましたが、ここで助動詞の過去形が表すことがらを整理しておきましょう。

① 時間的に現在から離れて生じたこと
② 対人関係において、距離を感じていること
③ 現実世界から離れている、今のこの時点では実現できないこと

①は〈過去の出来事〉を表す用法で、過去を明示する表現といっしょに使われます。②は、相手と距離を置いていることを表すことから、ていねいな表現として使われます。Will you 〜？よりも Would you 〜？と言ったほうがていねいなのは、このためです。それでは、③はどのような時に使われるのでしょうか。

現実世界から離れていることを表す〈仮定法過去〉

月曜日の朝に目覚めた時に、「今日が日曜日だったらなぁ」と思うことはありませんか？そんな時、次のようなことを言ってしまうかもしれません。

If it were Sunday today, I **would** sleep in till noon.
（もし今日が日曜日なら、お昼までゆっくり寝るのに）

残念ながら、今日が日曜日になることはありませんし、お昼までゆっくり寝ることもできません。そんな、今やりたくても実現できないことを表現する時に、〈If ＋動詞の過去形 〜, S would〔could/might〕＋動詞の原形 ...〉という形を使います。この用法を〈仮定法過去〉といいます。

仮定法と助動詞の過去形

20 で「現時点での可能性に言及する could」や「低い可能性を表す might」について学びましたが、これらも仮定法の could / might と考えることができます。つまり、「今この時点では考えられないけれど、もしある状況になれば」という仮定の条件が言外に含まれていて、その場合の可能性を示しているのです。そう考えると、could や might が「起こる可能性が低い」ことを表すことも理解できますね。このように、if 節がなくても、助動詞の過去形が仮定法の意味で使われていることがあるので、助動詞の過去形を見たら、前後の文脈から意味を判断するようにしましょう。

 英文法で迫る

まず、助動詞の would が英文中に使われている場合の意味と、その判断基準を整理しておきましょう。

① 時制の一致（will の過去形）「〜だろう」：〈S thought (that) S would *do* ...〉
② 過去の習慣「〜したものだった」：〈S would *do* +過去を表す副詞的表現〉
③ 遠回し・ていねい：文脈から判断
④ 現実世界ではありえないこと（仮定法）「〜だろう」：if 節がある、または文脈から判断（仮定法過去の文の前後には「現在形」で書かれている文が来ることが多い）

下線部の would は、直前に if 節があることから、④の仮定法として使われていることがわかります。そこから、EU 諸国では食品廃棄物が問題になっているということ、そして、その食品廃棄物の量は非常に多く、リサイクルされていないという現実があることが推測できます。「もし仮に、食品廃棄物がリサイクルされるとしたら」という現在の事実に反することがらを仮定しているということは、それとは違った現実があることになるからです。「無駄をなくせば、ドイツの半分の面積の農地を確保することができるのに、実際はそうではない」と言いたいので、仮定法過去を使っているのです。

日本語訳

仮に EU が東アジア諸国と同じような割合で豚用のエサとして食品廃棄物を再利用すれば、これによりドイツの半分の面積に相当し、ブラジル産大豆を生産している 25 万ヘクタール以上を含む、180 万ヘクタールの世界の農地が使わずに済むことになるだろう。

① If the EU were to recycle food waste as pig feed at similar rates to the East Asian states, this would spare 1.8 million hectares of global farmland, an area half the size of Germany, including more than a quarter of a million hectares of Brazilian soybean.

◉ If the EU were は、主語が単数扱いの the EU なのに was や is ではなく were になっていることから、〈if S were 〜〉の形で〈仮定法過去〉になっていると判断します。

◉ were to recycle は〈be + to 不定詞〉の形をとっています。ここで〈be + to 不定詞〉の意味を確認しておきましょう。

① 義務「〜するべき」
② 予定・運命「〜することになっている」
③ 可能「〜することができる」
④ 意図「〜するつもりなら、〜するとしたら」（条件を表す if 節とともに用いられることが多い）

ここでは、④の〈意図〉の意味で用いられています。

（ちなみに）To see is to believe.（百聞は一見にしかず）の is to believe も〈be + to 不定詞〉のように見えますが、〈主語＝ to 不定詞〉になっていることから、不定詞の名詞用法だとわかります。be 動詞と to 不定詞が続いていても、必ず〈be + to 不定詞〉になるわけではないことに注意しましょう。

◉ food waste は recycle の目的語です。続く as pig feed の as は、「〜として」という前置詞です。feed には「〜に食事を与える」という動詞の意味もありますが、ここでは「飼料」という意味で名詞として使われています。

◉ at similar rates to the East Asian states は副詞句で、動詞の recycle を修飾しています。similar to 〜は「〜と似ている」という意味ですが、このように〈similar +名詞+ to 〜〉の形で用いることもあります。全体では「東アジア諸国と同じ割合でリサイクルをする」という意味になります。ここまでが if で始まる従属節です。

◉ コンマの後の this は、前の部分の内容（EU が東アジア諸国と同じような割合で豚用のエサとして食品廃棄物を再利用すれば）を受けているので、「これによって」と訳しておきます。

◉ would は仮定法として使われています。spare は「〜をなしですませる」という意味の他動詞ですので、後に目的語が続くことを意識して読み進めましょう。

🔵 1.8 million hectares of global farmland が spare の目的語です。of は「〜の中の」という意味で使われていて、「世界の農地の中の180万ヘクタール」→「全世界の農地のうち180万ヘクタール」という意味になります。

🔵 an area half the size of Germany は、half the size of Germany が an area を後ろから修飾しています。この部分は、直前の 1.8 million hectares of global farmland と同格になっています。「全世界の農地のうちの180万ヘクタール」と言われても想像しにくいため、「ドイツの面積の半分」という想像しやすいものに言い換えているのです。

🔵 including は「〜を含めて」という意味の前置詞です。続く more than a quarter of a million hectares of Brazilian soybean の a quarter of は「〜の4分の1」という意味です。a million「100万」の4分の1は「25万」なので、ここは「ブラジル産の大豆を生産している25万ヘクタール」、つまり「180万ヘクタールのうち、25万ヘクタールはブラジル産の大豆を生産している農地」ということになります。

🔵 ところで、なぜここで「大豆」が出てきたのでしょうか。これは、この文の前の文脈を受けているからだと考えられます。つまり、「大豆を主原料とする家畜用の飼料を作らなくなることで、ブラジルの大豆を栽培する25万ヘクタール以上を使わずに済み、地球温暖化抑止の効果も期待できるだろう」ということを言いたいのでしょう。

> 訳　仮に EU が東アジア諸国と同じような割合で豚用のエサとして食品廃棄物を再利用すれば、これによりドイツの半分の面積に相当し、ブラジル産大豆を生産している25万ヘクタール以上を含む、180万ヘクタールの世界の農地が使わずに済むことになるだろう。

仮定法（2）

①Pelé was in love with football from the time he learned to kick a ball, but his mother was not so keen. ②Pelé's father did not earn much money from the game, and she wanted something better for her son. ③**Had she gotten her way, soccer would have been denied one of its greatest talents.**

（神奈川大学）

文脈 Pelé（ペレ）はブラジルの元サッカー選手です。世界的な名プレーヤーで「サッカーの王様」と呼ばれています。彼の父親もサッカー選手でした。

 下線部で **Had she gotten** という語順になっているのはなぜでしょうか？

📗A-Z **英文法が語ること** 仮定法（2）

┃仮定法過去完了

　タイムマシンがあったら過去に戻ってやり直したい、そう思うことはありませんか。そんな願望は〈仮定法過去完了〉を使って表すことができます。仮定法過去完了は、〈If S had + 過去分詞 ～ , S would〔could/might〕have +過去分詞 ...〉の形で、過去の事実に反する仮定と、その結果生じていたであろう状況を表します。次の文を見てみましょう。

　I **could have answered** the last question if I **had had** a few more seconds.

　試験が終わったところで、「もう少し時間があれば、最後の問題が解けたのに…」と後悔しているところが思い浮かびますね。こんな〈やり直したい過去の事実〉を表すのが仮定法過去完了なのです。

┃if がない仮定法

　仮定法にはふつう if 節が伴いますが、実際の英語では、次のように if がない仮定法もしばしば出てきます。そのような文でも、助動詞の過去形が文中に出てきたところで、書き手が何らかの形で仮定法を用いているかもしれないと思うことが大切です。

① 主語に仮定の意味が含まれる場合

A sensible person **would** not say such a thing.

（常識家であればそんなことを言うはずがない）

② 前置詞句に仮定の意味が含まれる場合

Without your support, I **could** not have succeeded.

（あなたの助けがなかったら、私は成功できなかっただろう）

With a lot of money, I **could** buy everything that you want.

（お金がたくさんあったら、あなたの欲しいものをすべて買ってあげられるのに）

③ 副詞句に仮定の意味が含まれる場合

A thousand years ago, the position of Latin **would** have seemed unassailable.
(1000年前だったら、ラテン語の地位はゆるぎないものに思えたであろう)

④ 仮定条件がない場合

I **couldn't** agree with you more. （私はあなたに大賛成です）

相手の意見に対して、自分が思っていることを言う時に could という助動詞の過去形を使っているので、〈仮定法〉であると考えます。あえて言うなら、「もし、あなたにもっと賛成しようとしても、これ以上賛成することができない」→「私はあなたに大賛成です」という意味になります。「賛成できなかった」という意味ではないことに注意しましょう。

⑤ if 節内の文が倒置されている場合（if の省略）

仮定法の if 節内の動詞が特定の表現であれば、次のように接続詞の if を省略し、語順を倒置させて表すことができます。

If I were you, I would not say such a thing.
(もし私があなただったら、そんなことは言わない)

→ **Were I** you, I would not say such a thing.

If I had been you, I would have apologized to her right away.
(もし私が君だったら、すぐに彼女に謝っただろう)

→ **Had I been** you, I would have apologized to her right away.

 英文法で迫る

　下線部で Had she gotten となっているのは、仮定法の if が省略された結果、語順が入れ替わり、倒置が生じているからです。続く文に〈would have ＋過去分詞〉という形が使われていることからも、この文が仮定法過去完了で表されていることがわかります。ペレのお母さんが、ペレにサッカーをさせない道を選択していたら、ペレという世界でも指折りのサッカー選手はいなかっただろうという、過去の事実に反することを仮定法過去完了で表しているのです。

┌─
│ 日本語訳
│ ペレは、ボールのけり方を学んだ時からサッカーが好きだったが、母親はあまり乗り気ではなかった。（サッカー選手だった）ペレの父親は試合であまり稼いでいなかったので、母親は息子にはもっとよい職業についてもらいたいと思っていた。もしその時、母親が自分の考えを貫いていたとしたら、サッカーの最大の才能が失われていただろう。

🪶 英文を読み解く

① Pelé was in love with football from the time he learned to kick a ball, but his mother was not so keen.

💠 Pelé が主語で、was が動詞です。be in love with ～は「～が好きである」という意味です。

💠 football の後に from the time「時から」と続き、その次に he learned という主語と動詞が出てくるので、the time と he learned の間に関係副詞の when が省略されていると考えます。the time を先行詞とした場合、関係副詞の when はしばしば省略されるので、〈the time SV〉となっていたら「関係詞が省略されているかも」と思いながら読みましょう。

💠 to kick a ball は名詞用法の不定詞で、他動詞 learned の目的語になっています。

💠 his mother was not so keen では、keen の後に on football を補って読みます。「ペレはサッカーが大好きだった」に対して、逆接の but で「彼の母親は関心を抱いていない」を結んでいます。そこから、サッカーが好きなペレに対して、母親はそれほどサッカーに関心を持っていないことがわかるため、on football が省略されているのです。

訳 ペレは、ボールのけり方を学んだ時からサッカーが好きだったが、彼の母親はあまり関心を抱いていなかった。

Pelé was in love with football <from the time ((when)) he learned to kick a ball>,
but
his mother was not so keen (on football).

② Pelé's father did not earn much money from the game, and she wanted something better for her son.

💠 Pelé's father が主語、did not earn が動詞、much money が目的語です。from the game の the game は「その試合」という意味ではなく、文脈から「サッカーの試合」のことを指しています。earn は他動詞で「〈賃金など〉を得る、稼ぐ」という意味です。

💠 and に続く文は、she が主語、wanted が動詞、something better が目的語です。something better という比較級を含んだ表現が出てきますが、「～よりも」という比較の対象が明示されていません。しかし、「ペレの父親がサッカー選手であり、稼ぎが少なかった」という情報から、この文で伝えたいのは「父親よりもよい仕事をして稼ぐことを母

104

親は息子に望んでいた」ということだとわかります。

ペレの父親は試合であまり稼いでいなかったので、彼女は息子にはもっとよい職業についてもらいたいと望んでいた。

Pelé's father did not earn much money ⟨from the game⟩,
  and
she wanted something better ⟨for her son⟩.

---

③ Had she gotten her way, soccer would have been denied one of its greatest talents.

- Had she gotten her way は、If she had gotten her way の接続詞の if を省略し、助動詞の had を文頭に出した**倒置の構造**になっています。get の過去分詞形には gotten のほかに got もあります。

- get one's way は「思い通りにする」という意味です。ここでは、仮定法過去完了の文として「母親が思い通りにしていたならば」という意味になります。

- soccer would have been denied は〈would have +過去分詞〉という仮定法過去完了の形をとっています。ここでは、仮定法過去完了を使って、過去の事実とは反対のことを述べています。

- deny は「～を否定する」という意味ですが、SVO₁O₂ の形で使われると「O₁〈人・チームなど〉の O₂〈勝利・得点など〉を阻む」という意味になります。この意味では、しばしば O₁ を主語とした受け身で使われますが、ここでも soccer would have been denied という受け身になっています。全体では、「サッカー界は最大の才能の1つを阻まれた」→「サッカー界の最大の才能の1つが失われていた」ということがあったかもしれないという意味を表しています。

もし母親が思い通りにしていたならば、サッカー界は最大の才能の1つを阻まれていただろう。

⟨Had she gotten her way⟩, soccer would have been denied one of its greatest talents.

英語学習の TIPS　単語学習を効率的に進めるには？

　英文を読むためには、文法力とともに単語力が必要不可欠です。単語力を鍛えるためには、英文に出てきた単語をコツコツと覚えていくことも大切ですが、単語集を使ってまとめて覚えることも必要になります。でも、気がついたら、机には最後まで終わらなかった単語帳が何冊も積まれている、というようなことを経験したことがある人もいるかもしれません。自分の持っている単語集がなかなか進まない時、友人がボロボロになるまで使い込んでいる単語集や、書店で平積みになっている単語集を見ると、「何だかよさそう」に感じて、ついつい浮気したくなってしまいます。隣の芝生は青く見えますよね。でも、実際には、いま使っている単語集が自分に合っていないのではなく、まだ「自分に合うまでやり遂げていない」だけなのです。浮気したくなる気持ちをぐっとこらえて、持っている単語集を最後までやり遂げてみましょう。まずは、その達成感を味わうことが大切です。

　単語学習が続かない、集中できないという人には、2020 年に話題となった『独学大全』（読書猿、ダイヤモンド社）が参考になるでしょう。この本には、学習のヒントがたくさん載っています。たとえば、学習が継続するには「時間を確保する」「環境を作る」「動機づけを高める」ということが大切だということです。まずは、時間の使い方を見直してみましょう。『独学大全』には学習法も数多く掲載されていますが、その中から、集中して学習するポモドーロ・テクニックというものを紹介します。ポモドーロ・テクニックは、「25 分間の作業」＋「5 分間の休憩」を 1 セットとして、4 回繰り返したら「30 分休む」というものです。5 分間の休憩はリラックスのための時間にしてください。このサイクルを英語学習に当てはめてみましょう。

　単語を覚える（25 分）→ 休憩（5 分）
　→ 読解問題を解く（25 分）→ 休憩（5 分）
　→ 読解問題の解説を読んで理解する（25 分）→ 休憩（5 分）
　→ 初めに覚えた単語を復習する（25 分）→ 休憩（30 分）

　単語学習は、短く集中的に、そして 1 日に同じ箇所を何回か繰り返すと効果的だと考えられています。このテクニックも参考に、自分のやりやすい方法で単語学習を行い、英文読解にも活かしていきましょう。

第 6 章

受動態で迫る

受動態は、動作を受ける側を主語にした表現です。
わざわざ動作を受ける側を主語にするのには、何
らかの理由があります。ここでは、受動態のはた
らきを整理しながら、受動態から読み取れること
を学んでいきましょう。

①Physical activity in your childhood, such as playing sports and exercising, can greatly benefit your health when you are older. ②Therefore, it is important to promote physical activity in childhood for one's good health. ③The schoolyard is one place where children and adolescents can be encouraged to take part in physical activity. ④Thus, knowing how <u>schoolyards **are used by** students</u> may give us some helpful ideas to promote their physical activity.

（センター試験）

下線部の受動態の文で〈by ＋行為者〉が示されているのはなぜでしょうか？

 英文法が語ること　**受動態の動作主**

受動態では〈動作主〉を明示しないのが基本

　受動態は〈be 動詞＋過去分詞〉の形で、主語が「何を」されたのかを表す時に使います。「誰によって」されたかは〈by ＋動作主〉で表しますが、多くの場合、動作主は明示されません。動作主が明示されない場合について、具体的に見てみましょう。

① 〈一般化〉や〈客観化〉されたデータ・情報の提示

　論文や論説文では、〈by ＋動作主〉を伴わない受動態が多く用いられます。動作主を明示しないことで〈生じた結果〉や〈事実〉に焦点が置かれ、〈一般化〉や〈客観化〉されているという印象を与えるからです。次の文は、「誰が」考えているかを明らかにしないことで、〈一般論〉であることを表しています。

Twitter **is considered** an essential social media tool in digital marketing.
（Twitter はデジタルマーケティングにおいて重要なソーシャルメディアの道具として考えられている）

② 行為者が〈不明〉もしくは〈自明〉の時

　事故などが「誰によって引き起こされたか」がはっきりとわからない場合など、何らかの事情で行為者を表すことができない場合は、〈by ＋動作主〉を明示しません。

Many people **were injured** in the accident. （多くの人たちがその事故でけがをした）

〈by ＋動作主〉が明示される場合

　受動態の文で〈by ＋動作主〉が明示されるのは、〈動作主〉の情報が文中できわめて重要な意味を担う場合です。別の言い方をすれば、動作主が〈新情報〉を担う場合に〈by

＋動作主〉が明示されます。英語には〈文末重点〉の原則というものがあり、基本的に文頭ではなく文末に新情報を示します。たとえば、She was looked up to.（彼女は尊敬されていた）では、「何かものたりない」「何か重要な要素がない」という感じになりませんか？　それは、「彼女を尊敬していたのは誰？」という重要な情報が抜け落ちているからです。そこで、She **was looked up to by** the whole nation.（彼女は全国民から尊敬されていた）のように、「全国民によって」という新情報が必要になるのです。

　〈by ＋動作主〉は重要な情報を担うことから、〈動作主〉についての説明や話題が後に続くことがあります。〈by ＋動作主〉を見たら、動作主が文脈上重要なポイントになるのではないかと意識しながら読み進めるようにしましょう。

英文法で迫る

　下線部では、by students（生徒たちによって）という〈新情報〉が示されています。校庭は誰でも使うことができるものですが、「大人たち」ではなく「生徒たち」に限定しているのはなぜでしょうか？　それは、「生徒たち」というのが重要な情報で、これから「生徒たち」に関する話題が続くからではないかと予測できます。下線部を含む文の後には、次のような内容が続いています。

A study was conducted at four schools in Denmark in order to investigate how much different types of schoolyard areas were used and whether students were active or passive in those areas.　（デンマークの４つの学校で、異なる種類の校庭がどれくらい利用されているか、また、生徒たちがそれらの場所で積極的か消極的であったかを調べるための研究が行われた）

ここまで読めば、「デンマークの学校を対象とした、生徒が校庭を使う場合の研究」へと話題を展開させていくために、「大人たち」ではなく「生徒たち」に限定しておく必要があったことがわかりますね。このように、〈by ＋動作主〉は〈新情報〉のほかに〈対比〉を表し、動作主に関連する内容を次の文以降で展開させる役割もあるのです。

日本語訳

スポーツや運動をするといった、健康のために子供の時に体を動かすことは、あなたが今よりも歳を重ねた時の健康に非常によいものとなる。それゆえ、健康のために子供の頃の身体活動が推奨されることが重要である。校庭は、子供や青少年が身体活動に参加することを促すことができる場所のひとつである。したがって、校庭が生徒によってどのように使われているかを知ることは、彼らの身体活動を促進するためのいくつかの役に立つ考えを私たちに教えてくれるかもしれない。

① Physical activity in your childhood, such as playing sports and exercising, can greatly benefit your health when you are older.

❂ 文頭の名詞句の Physical activity in your childhood が主語です。such as は「たとえば」「〜のような」という意味で、具体例を表す役割があります。ここでは、挿入句の形で、Physical activity の例として playing sports and exercising が挙げられています。このような、直前の内容について具体的に説明する例示の表現には、ほかに for example、for instance、including、say などがあります。

❂ can greatly benefit が動詞です。benefit は「〜のためになる」「〜に利益を与える」という意味の他動詞で、副詞の greatly によって修飾されています。

❂ when you are older「歳を重ねたら」と比較級が用いられています。比較対象が明示されていませんが、文脈から「今の年齢よりも」という意味内容を補うことができます。

訳 スポーツや運動をすることのような、子供の時に体を動かすことは、あなたが今よりも歳を重ねた時の健康に非常によいものとなる。

② Therefore, it is important to promote physical activity in childhood for one's good health.

❂ Therefore は「それゆえ」「したがって」「その結果」という意味の副詞で、前で説明された話の原因や結果がこの後に展開されることを示します。

❂ it is important to promote ... の it は形式主語で、to promote 以下が真主語になります。

❂ physical activity in childhood for one's good health の in は〈時〉を表す前置詞で、for は「〜のために」という〈利益〉を表す前置詞です。全体では、「健康のために子供の時に体を動かすこと」という意味になります。

訳 それゆえ、健康のために子供の頃の身体活動が推奨されることが重要である。

③ The schoolyard is one place where children and adolescents can be encouraged to take part in physical activity.

❂ The schoolyard is one place where まで読んだところで関係副詞の where が出てきました。「校庭はひとつの場所である」という内容について「どのような場所であるか」という情報がこの後に提示されるのではないかと考えながら読んでいきましょう。

○ 〈encourage O to *do*〉は、「〈人〉を〜する気にさせる」という意味で、ここでは目的語の children and adolescents が主語になった受動態の文になっています。ちなみに、children and adolescents「子供たちと青少年たち」とは、後に出てくる students のことです。take part in 〜は「〜に参加する」という意味の基本表現です。

> 訳 校庭は、子供や青少年が身体活動に参加することを促すことができる場所のひとつである。

④ Thus, knowing how schoolyards are used by students may give us some helpful ideas to promote their physical activity.

○ Thus は「このようにして」「したがって」という意味の副詞で、**次に重要なことを述べる目印となる役割があります**。therefore よりもかしこまった表現で、類似する表現としては as a result、consequently、as a consequence、this is why があります。

○ knowing how schoolyards are used by students may give us では、knowing how schoolyards are used by students という動名詞句が主語です。know の目的語部分に how schoolyards are used by students が来ていて、「校庭が生徒によってどのように使われているかを知ること」という意味になります。

○ may give us some helpful ideas は、〈give +人+もの〉という第4文型です。助動詞の **may は低い可能性を表している**ので、ここでは「もしかしたら、解決の糸口を提示してくれるかもしれない」という意味が含まれます。

○ to promote their physical activity は不定詞の形容詞用法で、ideas を説明しています。また、この部分は第2文で it is important to promote physical activity in childhood と運動の重要性を述べたことを受けています。全体では、「校庭の使用について調べることで、子供たちに運動をさせるためのヒントが得られる」となります。

> 訳 したがって、校庭が生徒によってどのように使われているかを知ることは、彼らの身体活動を促進するためのいくつかの役に立つ考えを私たちに教えてくれるかもしれない。

Thus, knowing [how schoolyards are used <by students>]
    may give us some helpful ideas (to promote their physical activity).

〈get ＋過去分詞〉の受動態

①I was lucky I found what I loved to do early in life. ②Woz and I started Apple in my parents' garage when I was 20. ③We worked hard, and in 10 years Apple had grown from just the two of us in a garage into a \$2 billion company with over 4,000 employees. ④We had just released our finest creation — the Macintosh — a year earlier, and I had just turned 30. ⑤And then **I got fired**. ⑥How can you get fired from a company you started?

* Woz: Steve Wozniak（アップルの共同設立者）の愛称

文脈 米国の IT 企業、アップルの創業者であるスティーブ・ジョブズ氏が、2005 年にスタンフォード大学の卒業式で行ったスピーチの一節です。

下線部を I was fired. とした場合、意味の違いはありますか？

A-Z 英文法が語ること 〈get ＋過去分詞〉の受動態

〈get ＋過去分詞〉が被害を表す

〈get ＋過去分詞〉は、会話文で多く用いられる受動態の形です。〈be 動詞＋過去分詞〉の受動態は〈動作〉と〈状態〉の意味を持っているため、ややあいまいな面もあります。そこで、〈動作〉であることを明確に表したいときに〈get ＋過去分詞〉の受動態を使います。get を用いた受動態は基本的に動作を表し、一定期間続いている状態を表すためには使いません。例文をもとに確認していきましょう。

Ken **was injured** in the accident. （ケンはその事故でけがをした）

この文が表しているのは「けがをした」という〈状態〉であり、事実を述べています。したがって、〈出来事〉が生じたことを表していません。では、次の文はどうでしょうか。

Ken **got injured** in the accident. （ケンは事故でけがをした）

この文は、ケンが事故でけがをしたという〈出来事〉が生じたことを表しているので、〈get ＋過去分詞〉を使うことができます。

〈get ＋過去分詞〉で表される内容は、主語にとって〈喜ばしくないこと〉〈悲しむべきこと〉〈不利益になること〉を含むことがあります。

The telephone **was invented** by Alexander Graham Bell in 1876.
（電話は 1876 年にアレクサンダー・グラハム・ベルによって発明された）

この文で〈get ＋過去分詞〉を使うと、あたかもそれが〈不利益〉のように響くのです。〈get ＋過去分詞〉を使うときは注意しましょう。

再帰的な意味を持つ〈get +過去分詞〉

I'll **get married** in May. は〈get +過去分詞〉という受動態の形になっていますが、「5月に私は結婚される」ではなく「5月に私は結婚する」という意味になります。このように、形は〈get +過去分詞〉でも、「〜される」という受動態の意味ではなく「自分が〜する」という〈主語自身が行う行為やことがら〉を述べる文には、ほかに次のようなものがあります。

We **got lost** in the woods. （私たちは森で迷子になった）

He **got dressed** in black. （彼は黒い服を着た）

You have to **get changed**. （早く着替えなさい）

ここで使われている married, lost, dressed, changed は、見た目は〈動詞の過去分詞形〉ですが、品詞は〈形容詞〉として考えるとよいでしょう。この場合は自分の意志や自然の成り行きでその状態にたどり着くというニュアンスになります。

 英文法で迫る

I got fired. と I was fired. では意味の違いはほとんどありませんが、スピーチでは〈get +過去分詞〉が好まれる傾向にあります。会話文で多く用いられる形を使うことによって、聴衆との距離を縮める効果があるからです。

下線部では、Macintosh を世に出した翌年、自分で作った会社から解雇されるということが〈get +過去分詞〉で表されています。I was fired. と〈be動詞+過去分詞〉で表現すると、〈解雇された〉ことが〈状態〉として提示されますが、ここでは本人にとって〈喜ばしくない行為〉であったため、〈get+ 過去分詞〉が用いられていると考えられます。自分が創設した会社から解雇されたことに対する、彼の不快感が表されているところです。

なお、主語にとって〈不利益になること〉や〈被害〉であることを強調したり、生じた出来事を不快に感じた際に〈非難〉したりする時に、〈get +過去分詞〉を how を用いた修辞疑問文の中で使うことがありますが、問題文の第6文がこの形になっています。

日本語訳

私は幸運にも、人生の早い段階で自分のやりたいことを見つけました。私が20歳の時に、ウォズといっしょに私の実家のガレージでアップルを立ち上げました。私たちはとにかく働きました。そして10年で、アップルは私たちたった2人でガレージから始めたところから、従業員4,000人を超える20億ドルの企業にまで成長したのです。その1年前には最高傑作のマッキントッシュを発売しました。ちょうど私は30歳になったところでした。そして、その時、私は解雇されたのです。どうすれば自分が始めた会社から解雇されるのでしょうか？

① I was lucky I found what I loved to do early in life.

○ I was lucky I found ... では、lucky の後に接続詞の **that** が省略されています。自分自身が幸運だと思える理由が that 以下で展開されます。

○ that 以下は I が主語、found が動詞、what I loved to do が目的語です。what I loved to do の **what** は「こと・もの」を表す関係代名詞で、全体では「自分がやりたいこと」という意味になります。

○ early in life (人生の早い時期に) は、動詞 found を修飾している副詞句です。

訳 私は幸運にも、人生の早い段階で自分のやりたいことを見つけました。

② Woz and I started Apple in my parents' garage when I was 20.

○ started Apple は文字通り訳すと「アップルを始めた」ですが、この start は「〈会社・事業など〉を興す、設立する」という意味の他動詞として使われています。したがって、「アップルを設立した」「アップルを立ち上げた」という意味になります。

○ 20 の後には years old が省略されています。「〜歳」を表す years old は、ほとんどの場合省略される傾向にあります。

訳 私が 20 歳の時に、ウォズといっしょに私の実家のガレージでアップルを立ち上げました。

③ We worked hard, and in 10 years Apple had grown from just the two of us in a garage into a $2 billion company with over 4,000 employees.

○ in 10 years の前置詞 in は、過去形や過去完了形、現在完了形とともに用いられ、「〜(の間)で」という〈行動や出来事が終わるまでに要する時間の終わり〉を表します。予想外に早いことを示す場合もあり、ここでは、わずか 10 年で大きな会社に成長したというような含みがあります。

○ Apple had grown で過去完了形が使われているのは、「会社設立の 10 年後」という過去の時点を基準時としてそれ以前のことを振り返っているからです。

○ from just the two of us in a garage into a $2 billion company with over 4,000 employees は〈from A into B〉の形になっていて、「A から B に変化する」ことが示されています。

訳 私たちは一所懸命働き、そして 10 年で、アップルは私たち 2 人だけでガレージから始めたところから、従業員 4,000 人を超える 20 億ドルの企業に成長しました。

④ We had just released our finest creation — the Macintosh — a year earlier, and
I had just turned 30.

❂ We had just released と I had just turned 30 では過去完了形が使われています。過去完了形は基準となっている過去の時点よりも〈前〉のことを表すので、〈基準となっている過去の時点〉はいつかを考えます。この文ではそれが示されていませんが、文脈から「会社設立の 10 年後」が基準時であるとわかります。会社設立の 10 年後の1年前に Macintosh を発売し、会社設立の 10 年後にちょうど 30 歳になったのです。

訳 その 1 年前には最高傑作のマッキントッシュを発売しました。そして、私はちょうど 30 歳になりました。

⑤ And then I got fired.

❂ And then は「それに、その上」「それに…だからね」という意味で、前文に続いて、さらなる情報を付加するときに用いられます。話に「オチ」をつけるようなときの表現です。第 2 文から第5文までを時系列で整理すると、次のようになります。

20 歳：② アップル社設立
↓
9 年後（10 年後の 1 年前）：④ Macintosh をリリース
↓
10 年後：③ 20 億ドル企業になる　④ 30 歳になる　→　⑤ クビになる

訳 そして、その時、私は解雇されました。

⑥ How can you get fired from a company you started?

❂ この文は疑問文の形をしていますが、単に疑問の意味を表しているわけではありません。自分の主張を明確にするために、反語的に疑問文の形を用いる〈修辞疑問文〉と呼ばれる形になっています。また、〈不利益になること〉や〈被害〉を強調したり、出来事への不快を〈非難〉したりするときにも〈How 〜 get ＋過去分詞 ...?〉の形になることがあります。ここでは、「どうやったら、自分の作った会社から追い出されるのだ？　ばかげたことだ」というような困惑や強い怒りを感じることができますね。

❂ company の後には、関係代名詞の that または which が省略されています。

訳 どうすれば自分が始めた会社から解雇されるのでしょうか?

25 〈be動詞＋過去分詞〉のさまざまな形

①America has a stake in an Indonesia that plays its rightful role in shaping the global economy.　②<u>Gone are the days when seven or eight countries could come together to determine the direction of global markets.</u>　③That is why the G20 is now the center of international economic co-operation, so that emerging economies like Indonesia have a greater voice and bear greater responsibility.

* have a stake in ～：～に関心を寄せる　emerging economies：新興国　bear responsibility：責任を負う

文脈　2010 年 11 月 10 日、当時のアメリカ合衆国大統領のバラク・オバマ氏がインドネシアの大学で行った講演です。

　下線部はどのような意味を表すのでしょうか？

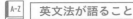

A-Z　英文法が語ること　〈be 動詞＋過去分詞〉のさまざまな形

┃ 過去分詞から始まる文の種類

文が過去分詞で始まっている場合、次の3つの可能性が考えられます。

① 分詞構文：〈過去分詞 ～ , 主語＋動詞 ...〉

Blocked by an overturned vehicle, this road is currently closed.

（横転した車でふさがれているため、この道路は現在通行止めである）

② 過去分詞による主語の修飾：〈過去分詞＋名詞＋動詞 ～〉

Overturned vehicle made the road blocked.　（横転した車が道路をふさいだ）

③ be 動詞＋過去分詞の倒置：〈過去分詞＋ be 動詞＋主語 ～〉

Overturned was the vehicle that was driven by the suspects.

（横転していたのは、容疑者が運転する車であった）

ここでは、③についてくわしく見ていきましょう（①②については第7章で扱います）。

┃ be 動詞＋過去分詞の倒置

　主語の名詞には、分詞や関係詞節によってくわしい情報が追加されることがあります。その場合、主語の情報量が多くなるため、情報量の多い内容は文末に置く〈文末重点〉の原則に従い、倒置が起こります（→ p.19 英文法で迫る）。③の例文は、The vehicle that was driven by the suspects was overturned. という文が元の形ですが、主語の the vehicle が that 節に修飾されていて情報量が多くなっています。そこで、主語を文末に移動し、be 動詞と過去分詞の順序を入れ替えた倒置の形になっているのです。このような〈過去分詞 +be 動詞+主語 〜〉で表される倒置の文では、主語が〈新情報〉になることに注意しましょう。

▌受け身の意味にならない〈be 動詞＋過去分詞〉

He **is gone**. は〈be 動詞 + 過去分詞〉の形になっていますが、「〜される」という受け身の意味はありません。この文は、「彼は行ってしまった」という、He has gone. という現在完了の文とほぼ同じ意味を表しています。〈be 動詞 + 過去分詞〉で現在完了を表すことができるのは、come, go, arrive, leave という往来発着を表す動詞です。やや古風な表現とされますが、格調高い雰囲気を出す文に使われることがあります。

英文法で迫る

　下線部の主語は the days、述語動詞は are gone です。主語が関係副詞の when 節で修飾されていて情報量が多いので、〈文末重点〉の原則に従って倒置された形になっています。The days are gone. が元の語順で、〈be 動詞 + 過去分詞〉という形になっていますが、go という往来発着を表す動詞が使われていることから、受け身ではなく「終わる」「過ぎ去る」という現在完了の意味を表しているとわかります。when 以下は、seven or eight countries が主語、動詞部分が could come together で、不定詞句の to determine the direction of global markets は動詞を修飾して〈目的〉の意味を表しています。つまり、主語全体では「7、8 か国が世界市場の方向性を決めるために集まることができた時代」という意味になります。〈be 動詞 + 過去分詞〉で現在完了を表す古風な表現をあえて使うことで、7、8 か国が世界の動向を決めていたのは古い時代のことであることを印象づけているのです。それにより、「そして、今は…」と次の展開が予想できる一文になっています。

（ちなみに）　オバマ氏はハワイ生まれですが、母親の再婚に伴い、6 歳から 10 歳までインドネシアで暮らしていました。そのため、インドネシアには強い思い入れがあるのです。このスピーチでは、インドネシアに対する期待が述べられています。

▌日本語訳

アメリカは、インドネシアが世界経済を形成する上で正当な役割を果たすことに関心を寄せています。7、8 か国が世界市場の方向性を決めるために集まることができた時代は終わりました。だからこそ、今や G20 が国際経済協力の中心となり、インドネシアのような新興国がより大きな声を上げ、より大きな責任を負うようになっているのです。

① America has a stake in an Indonesia that plays its rightful role in shaping the global economy.

🌀 America has a stake in an Indonesia の Indonesia に不定冠詞の an が付いていることに注目しましょう。固有名詞に不定冠詞が付いて、形容詞や関係詞節で修飾されている場合、その固有名詞の性質をくわしく述べることに強く意識が向いていると考えます。たとえば、I bumped into **an** angry David at the station.（駅で腹を立てているデヴィットにたまたま遭遇した）のような使い方をします。ここでは、単に「インドネシアに関心がある」というのではなく、インドネシアのどのような側面に関心があるのかを述べるために、an Indonesia と不定冠詞を付け、that で始まる関係代名詞節でその側面についてくわしく説明しています。

🌀 plays its rightful role in shaping the global economy は、play a role in ～「～において役割を果たす」がベースになっています。its rightful role の its は Indonesia を指し、「インドネシアの正当な役割」という意味になります。

訳 アメリカは、インドネシアが世界経済を形成する上で正当な役割を果たすことに関心を寄せています。

② Gone are the days when seven or eight countries could come together to determine the direction of global markets.

🌀 英文法で迫る で確認したとおり、主語は the days、述語動詞は are gone で、主語が関係副詞の when 節で修飾されていて情報量が多いので、倒置された形になっています。〈be 動詞＋過去分詞〉という形になっていますが、受け身ではなく「終わる」「過ぎ去る」という現在完了の意味を表していることにも注意しましょう。

訳 7、8か国が世界市場の方向性を決めるために集まることができた時代は終わりました。

Gone are [the days] (when [seven or eight countries] could come together ‹to

determine the direction of global markets›).

③ That is why the G20 is now the center of international economic co-operation, so that emerging economies like Indonesia have a greater voice and bear greater responsibility.

⬢ That is why は「それが〜の理由です」「そういうわけで〜です」という意味を表します。前述した内容についての理由や原因を伝えるための〈前フリ〉となる表現です。また、自分の意見をこれから述べるという合図にもなります。

⬢ so that emerging economies like Indonesia の so that は〈結果〉を表します。「インドネシアのような新興国がより大きな声を上げ、より大きな責任を負えるよう、G20 が国際経済協力の中心となった」ということを言っているのです。一般的に、〈目的〉を表す場合には so that の前にコンマが置かれません。so that の前にコンマが置かれている場合は〈結果〉として解釈するとうまくいくでしょう。

⬢ have a greater voice and bear greater responsibility では greater という比較級が使われていますが、「〜よりも」という比較の基準が明示されていないので、文脈から基準を読み取るようにしましょう。ここでは、「今まで以上に、より大きな声、より大きな責任」ということがわかり、オバマ氏のインドネシアに対する期待の高まりが表されています。

訳 だからこそ、今や G20 が国際経済協力の中心となり、インドネシアのような新興国がより大きな声を上げ、より大きな責任を負うようになっているのです。

That is [why the G20 is now the center of international economic

                                                co-operation],

so that emerging economies (like Indonesia)   have a greater voice
                                            and
                                            bear greater responsibility.

英語学習の TIPS　英語をしっかり読むために

　英語をしっかり読むためには、何が必要でしょうか。そのことを考える前に、次の文を読んでみましょう。この文の意味をパッと答えられる人は、読む力が身についているといえます。

The government plans to raise taxes were defeated.

　この文は左から右に順に読んでいくと、the government が主語で plans が動詞、そして to raise taxes が to 不定詞で、「政府が税金を上げることを計画する」と読めます。ですが、次に were defeated（～が頓挫した）が出てきて、「あれ？　were の主語は？」となります。そこで、were の主語を考えます。まず、直前の taxes はどうでしょうか。taxes を主語にすると、動詞の raise の目的語がなくなってしまいますね。つまり、to raise taxes が to 不定詞の形容詞用法として、直前の the government plans を修飾していると認識できます。ここまで来ると、plans が「計画」という名詞で were の主語になり、意味は「政府の増税計画は頓挫した」だとわかります。

　この例文のような「ちょっとわかりにくい文」を専門的には〈袋小路文〉といいますが、このような文を正しく理解するためには、上で示したように、文法的に英文を見ていかなければなりません。このように、外国語を理解するためには、その言語のシステムである〈文法〉を理解している必要があります。文法を理解していなければ、ことばによって伝達されるメッセージを正確に理解することはできないのです。

　「日本の英語教育は文法や英文和訳ばかりで、ちっとも話せない。もっと役に立つ学習をしなければならない」と言われることがあるように、文法や構造を把握しながら意味を理解していく方法は、最近の英語学習では毛嫌いされてしまう傾向があります。「英語が母語の人は、いちいち文法なんて考えていない」と思う人もいるかもしれません。しかし、私たちは英語が母語ではないので、まずは文法という〈型〉を理解する必要があります。いったん〈型〉を意識的に習得することで、徐々にその〈型〉を意識しなくても英語がきちんと理解できるようになるのです。最初は面倒に感じるかもしれませんが、慣れてくれば、上の例文で示したような読み方が自然とできるようになり、次第に速く読めるようになります。まずは文法という〈型〉をひとつひとつていねいに理解していき、徐々にその〈型〉を無意識のうちに使えるようにしていきましょう。

準動詞で迫る

動詞の性質を持ちながらも、文中で動詞以外のは
たらきをするものを準動詞といいます。ここでは、
準動詞の不定詞・動名詞・分詞について、そのは
たらきや意味の違いを整理しながら、英文中でこ
れらが現れた時に何が読み取れるかを学んでいき
ましょう。

26

不定詞（1）

①There is no time to waste when it comes to tackling the crises we face. ②That's why today, <u>I am heading to the Oval Office **to get right to work** delivering bold action and immediate relief for American families.</u>

* the Oval Office：アメリカ合衆国大統領の執務室

文脈 ジョー・バイデン氏が 2021 年 1 月 21 日のアメリカ合衆国大統領就任式直前に投稿した初めてのツイートです。

 下線部中の to get right to work とはどのような意味でしょうか？

A-Z 英文法が語ること **不定詞の基本用法**

〈to+ 動詞の原形〉は、慣れるまでは用法と意味をしっかり意識しながら読むことが大切です。ここでは、to 不定詞の3つの用法の主なはたらきと意味を確認しましょう。

名詞用法

名詞用法の不定詞は、〈主語〉〈補語〉〈他動詞の目的語〉になります。

① 主語：**To answer the question** was impossible. (その質問に答えることは不可能だった)

主語が「あたまでっかち」になるため、ふつう **It** was impossible **to answer the question**. のように形式主語 It を用い、不定詞部分を後ろに回して表します。

② 補語：His dream is **to be a doctor**. (彼の夢は医師になることです)

③ 他動詞の目的語：He decided **to leave here**. (彼はここを離れることを決めた)

形容詞用法

形容詞用法の不定詞は、名詞を後ろから修飾します。〈名詞+ to 不定詞〉は 〈SV の関係〉〈VO の関係〉〈同格の関係〉のいずれかになっているととらえることができます。

① SV の関係：Tom was <u>the first student</u> **to answer that difficult question**.
(トムはあの難しい問題に答えられた最初の学生です)

この文では、名詞 (the first student) と to 不定詞 (to answer that difficult question) に「学生があの難しい問題に答える」という意味関係があります。つまり、Tom was the first student that answered that difficult question. と同じような意味になります。

② VO の関係：I have <u>a friend</u> **to help**. (私は助けなければならない友人がいます)

to 不定詞に用いられている他動詞の help の後ろに目的語がないことから、a friend が

目的語に相当することがわかります。I have a friend that〔who / whom〕I should help. と言い換えることができますね。

（ちなみに）最近では、目的格の関係代名詞 whom の代わりに who が用いられることが多くなっています。

③ 同格の関係：No person has the right **to rain on your dreams**.
　　　　　　　（あなたの夢に雨を降らせる権利は誰にもないのです）

　これは、アメリカの公民権運動で活躍したマーティン・ルーサー・キング牧師の言葉です。名詞の right と to 不定詞の to rain on your dreams が同格になっており、「あなたの夢に雨を降らせる権利」ということを表しています。

副詞用法

　副詞用法の不定詞は、名詞以外のものを修飾します。代表的な意味として〈目的〉〈結果〉〈感情の原因〉〈判断の根拠〉〈形容詞の限定〉があります。

① 目的：I went to Paris **to attend the conference**.（会議に参加するためにパリに行った）

　「パリに行った」目的を to attend the conference で表しています。文脈によっては、「パリに行って会議に参加した」のように訳すこともあります。時には柔軟な解釈も大切になります。

② 結果：He lived **to be ninety**.（彼は生きた結果 90 歳だった → 彼は 90 歳まで生きた）

③ 感情の原因：I'm glad **to know you**.（お目にかかれて光栄です）
　「光栄に思う」という感情の原因を to know you で表しています。

④ 判断の根拠：You were careless **to leave your smartphone on the train**.
　　　　　　　　（電車内に自分のスマホを忘れるとは不注意だったね）

　「あなたは不注意だった」と話し手が判断した理由が to leave your smartphone on the train で表されています。この文を It を主語にして書き換えると、次のようになります。

　It was careless of you **to leave your smartphone on the train**.

　ここでは〈人の性格〉を表す形容詞が使われているので、to 不定詞の意味上の主語は〈for +人〉ではなく〈of +人〉になることに注意しましょう。

⑤ 形容詞の限定：The question was easy for me **to answer**.
　　　　　　　　（この質問は、私には簡単に答えられる）

　「簡単だ」ということを、「私が答える」という場合に限定しています。ここで使われている for me は、to 不定詞の意味上の主語になっています。

英文法で迫る

　下線部の冒頭の I am heading to the Oval Office は、「私は大統領執務室に向かいます」という意味です。進行形を使うことで、これからすぐに行うことを表しています。ここで文を終えてもよいのですが、to get right to work と続けているのはなぜでしょうか。この to work の work は名詞で、**get right to work** は「ただちに仕事に取りかかる」という意味です。そこから、to get right to work は〈目的〉を表す副詞用法の不定詞だと考えることができ、全体では「執務室に向かう目的は、ただちに仕事に取りかかるためである」となることがわかります。就任してすぐにでも仕事に取りかかって難題を解決していこうという強い決意を表していることが読み取れますね。

日本語訳

私たちが直面している危機に取り組むとなると、ぐずぐずしているわけにはいかないのです。だからこそ、今日、ただちに仕事に取りかかるために大統領執務室に向かい、アメリカの家庭のために大胆な行動と即時の救済を提供するのです。

英文を読み解く

① There is no time to waste when it comes to tackling the crises we face.

- time to *do* は「〜するための時間」という意味で、この to *do* は形容詞用法の不定詞です。たとえば、It's time to go to bed.（寝る時間です）のような使い方をします。ここでは、「〜する時間がない」ということを表す there is no time to *do* という形で使われています。ここでの名詞と to 不定詞は〈VO の関係〉になっており、waste no time と同じような意味になります。

- when it comes to 〜は「〜するとなると」という意味の定型表現です。この to は to 不定詞の to ではなく前置詞なので、後には名詞句または動名詞句（*doing*）が続きます。

- tackling the crises の tackle は他動詞で、「問題・仕事」を目的語にとり、「〜に取り組む」という意味を表します。tackle the crises は「危機に取り組む」という意味です。

> (ちなみに) tackle は目的語に「人」をとることもでき、「人にタックルをする」「人と渡りあう」「（〜のことについて）人と話をつける」という意味を表します。たとえば、**tackle** our boss about our raise（賃上げについて上司と話をする）のような使い方をします。

⦿ the crises we face は、the crises と we face の間に関係代名詞の which が省略されています。face は他動詞で、「困難、問題」を目的語にとり「〜に直面する」という意味を表します。

> 訳 私たちが直面している危機に取り組むとなると、ぐずぐずしているわけにはいかないのです。

② That's why today, I am heading to the Oval Office to get right to work delivering bold action and immediate relief for American families.

⦿ That's why は「それが〜の理由です」「そういうわけで〜です」という意味を表す定型表現です（→ p.119 25 英文を読み解く ③）。

⦿ I am heading to the Oval Office の am heading to は「〜に向かっている」という意味です。現在進行形が「これから確実にやろうと決めていること」を表すことは、17 で確認しましたね（→ p.80）。

(ちなみに) the Oval Office はアメリカ合衆国のホワイトハウスにある大統領執務室のことです。「楕円形のオフィス」が直訳ですが、この執務室が楕円形であることに由来しています。

⦿ to get right to work は「今すぐにでも仕事に取りかかるために」という〈目的〉を表しています。この right は副詞で、「ただちに、ちょうど、すぐに」という意味で、get to work を修飾しています。

⦿ delivering bold action は付帯状況を表す分詞構文で、「（仕事を始めて）勇敢な行動を提供する」という意味を表しています。bold は「大胆な」という意味の形容詞で、名詞 action を修飾しています。

⦿ and immediate relief for American families の immediate relief は、直前の bold action と並列になっています。relief for 〜は「〜の救済」という意味で、relief for the disaster victims（被災者救済）のように使います。ここで people ではなく family が使われているのは、バイデン大統領の政策（American Families Plan）として、富裕層の減税を撤廃し、アメリカの家庭〔世帯〕における格差の是正を目指すことを表しているからです。

> 訳 だからこそ、今日、私はただちに仕事に取りかかるために大統領執務室に向かい、アメリカの家庭のために大胆な行動と即時の救済を提供するのです。

```
That's why today, I am heading <to the Oval Office> <to get right to work>
    <delivering   bold action
                      and
                  immediate relief for American families>.
```

125

27

不定詞（2）

①One way **to help save** a friendship in trouble is to keep in touch. ②When we think a friend has done something that hurt our feelings, our first response may be to cut off contact. ③However, it may be better to swallow our pride and avoid doing that.

（センター試験）

 下線部はどのような意味を表しているでしょうか？

A-Z 英文法が語ること 　**目的語・補語になる不定詞**

第3文型の目的語の位置に来る to 不定詞

want, expect, help, like などの動詞の後には、to 不定詞を置くことができます。

I <u>want</u> to study Japanese history. （私は日本の歴史を勉強したい）

This exercise <u>helps</u> to lose weight and build a great body.
（この運動は体重を減らし、強靭な肉体を作り上げるのに役立ちます）

I <u>would like</u> to eat this cake. （私はこのケーキを食べたい）

help の場合、to 不定詞の代わりに原形不定詞を置いて、〈help ＋動詞の原形〉の形になることがあります。

Taro <u>helped</u> **cook** dinner. = Taro <u>helped</u> **to cook** dinner.
（タロウは夕食を作るのを手伝った）

〈V + to 不定詞〉の to 不定詞の前には〈意味上の主語〉を置くことができますが、その場合は〈V + O + to 不定詞〉の形になります。

I <u>want</u> you <u>to study</u> Japanese history. （私はあなたに日本の歴史を勉強してもらいたい）

I <u>expected</u> Tom <u>to be</u> late. （トムは遅れていると思います）

This exercise <u>helps</u> you <u>to lose</u> weight and build a great body.
（この運動はあなたが体重を減らすことと強靭な肉体を作り上げるのに役立ちます）

I <u>would like</u> you <u>to eat</u> this cake. （このケーキをあなたに食べていただきたいのです）

help の場合、目的語の後ろに不定詞が続く場合は〈help + O + to 不定詞〉よりも〈help + O ＋動詞の原形〉が好まれます。ただし、受動態にした場合は〈be helped + to 不定詞〉のほうが好まれます。

Hiro <u>helped</u> Andy <u>carry</u> the luggage. （ヒロはアンディが荷物を運ぶのを手伝った）

Andy <u>was helped</u> to carry the luggage by Hiro.
（アンディはヒロに荷物を運ぶのを手伝ってもらった）

第5文型の補語の位置に来る不定詞

　不定詞は、第5文型の補語の位置に来ることもできます。この場合、〈目的語＋不定詞〉は「OがCする」という〈SVの関係〉になります。また、動詞の種類によってto不定詞が来るか原形不定詞が来るかが変わりますので、注意しましょう。

① 〈使役動詞・知覚動詞＋ O ＋原形不定詞〉

　動詞が使役動詞（make（強制）/ let（許可）/ have）や知覚動詞（see / hear / feel など）の時には、補語の位置には原形不定詞が来ます。

His mother <u>made</u> him <u>clean</u> his room.（彼の母は息子に部屋を掃除させた）

<u>Let</u> me <u>introduce</u> myself.（自己紹介させてください）

I <u>saw</u> Tom <u>clean</u> his room.（私はトムが部屋を掃除するのを見た）

② 〈V ＋ O ＋ to 不定詞〉

　動詞が知覚動詞や使役動詞以外の時には、補語の位置には原則として to 不定詞が来ます。主に〈V + O + to 不定詞〉で使われるパターンには、次のようなものがあります。

〈tell +人+ to *do*〉（人に〜してもらう）〈remind +人+ to *do*〉（人に〜することを思い出させる）

〈request +人+ to *do*〉（人に〜するように要求する）

〈persuade +人+ to *do*〉（人を説得して〜させる）

〈force +人+ to *do*〉（人に〜することを強制する）＝〈force +人+ into *doing*〉

 英文法で迫る

　下線部は、one way という名詞を to help save a friendship in trouble という形容詞用法の不定詞が修飾しており、「〜するためのひとつの方法」という意味になります。また、help save a friendship in trouble は〈help ＋動詞の原形〉の形になっており、「よくない状態に陥っている友情を救う〔守る〕のに役立つ」という意味になります。

　このことを念頭に、下線部を one way を先行詞とした関係詞を用いた文に書き換えると、One way **that** will help save a friendship in trouble のようになります。不定詞の形容詞用法が、関係詞節と同じようなはたらきをしていることに注目しましょう。なお、関係詞節中の動詞が will help となるのは、to 不定詞が未来志向の意味を持つからです。

| 日本語訳 |

　よくない状況にある友情を救うのに役立つひとつの方法は、連絡を取り続けることである。友人が私たちの気持ちを傷つけるようなことをしたと思った時、私たちの最初の反応は、連絡するのをやめることだろう。しかし、プライドをぐっと抑え込んで、それを避けるほうが得策かもしれない。

① One way to help save a friendship in trouble is to keep in touch.

◉ One way to help save まで読むと、動詞 help の後ろに動詞 save が来ています。ここで help to save「〜を救うのに役に立つ」の to が省略されたものだとわかるようにしましょう。

◉ save は「〜を救う」という意味の他動詞なので、後ろに目的語が続くと予想して読み進めます。すると、a friendship という名詞が出てくるので、これが目的語だとわかります。ここまでは「ひとつの方法があって、それは役立つもので、何に役立つかと言うと、友人関係を救うために役立つのだ」という意味になります。

◉ in trouble の前置詞 in は「何かの中に存在している」という原義があるので、「トラブルの中に友情が存在している」、すなわち「友人との関係においてトラブルの発生しているよくない状態」だということがわかります。One way から trouble までが主語になっています。

◉ 動詞の is に続いて、〈新情報〉として壊れそうになっている友人関係を救うひとつの方法がどのようなものかが提示されます。それが to keep in touch（連絡を取り続けること）になります。

訳 よくない状況にある友情を救うのに役立つひとつの方法は、連絡を取り続けることである。

One way (to help [save a friendship in trouble]) is [to keep in touch].

② When we think a friend has done something that hurt our feelings, our first response may be to cut off contact.

◉ When we think a friend has done は、we think と a friend の間に接続詞の that が省略されています。

◉ something that hurt our feelings は、that で始まる関係代名詞節が先行詞の something を説明しています。「友人に自分の感情を傷つけられるようなことをされたと思った時に」のように〈被害〉を明示する受け身の形で訳すと、すんなりと理解できるでしょう。

◉ our first response may be to cut off contact が主節です。our first response（私たちの最初の反応）が主語で、may be が述語動詞です。may は〈推量〉を表し、「〜かもしれない」という意味です。to cut off contact（連絡を断つこと）は be 動詞の後ろにある

ので、補語になる名詞用法の to 不定詞だとわかります。

第1章 第2章 第3章 第4章 第5章 第6章 第7章 第8章 第9章 第10章

訳 友人が私たちの気持ちを傷つけるようなことをしたと思った時、私たちの最初の反応は、連絡するのをやめることだろう。

⟨When we think [(that) a friend has done something (that hurt our feelings)]⟩,

our first response may be [to cut off contact].

---

③ However, it may be better to swallow our pride and avoid doing that.

❂ however には「どんなに〜でも」という意味の副詞節を導く用法もありますが、単体で使われる場合は、主に「しかしながら」「また一方で」という意味の副詞 (接続副詞)になります。文頭の it は、後ろに that 節や to 不定詞などが出てくる形式主語になる可能性と、前に出てきた内容を受ける可能性を考えておきましょう。ここでの it は、その後ろに to swallow ... と to 不定詞が続いているので、to swallow ...を真主語とする形式主語だとわかります。

❂ swallow our pride は「プライドをぐっと飲み込んでこらえる」ということですから、「プライドを捨てる」「恥を忍ぶ」のような意味になります。

❂ 等位接続詞の and は swallow our pride と avoid doing that を結んでいます。⟨avoid＋動名詞⟩ は「〜することを避ける」という意味です。doing that は前に出てきた to cut off contact (連絡を断つこと)を受けています。

訳 しかし、プライドをぐっと抑え込んで、そうすることを避けるほうが得策かもしれない。

However, it may be better [to ⎡ swallow our pride
　　　　　　　　　　　　　　　　　　and
　　　　　　　　　　　　　　　　　⎣ avoid doing that].

28

動名詞と不定詞 (1)

①First, however, she waited for a few minutes to see if she was going to shrink any further: ②she felt a little nervous about this; 'for it might end, you know,' said Alice to herself, 'in my going out altogether, like a candle. ③I wonder what I should be like then?' ④And she **tried to fancy** what the flame of a candle is like after the candle is blown out, for she could not remember ever having seen such a thing.

* shrink：〜が縮む

文脈 『不思議の国のアリス』(→ p.154) の一節です。アリスのいる部屋にはとても小さなドアがありましたが、15 インチ（約 38 センチ）ほどの大きさで、外に出ることができません。その時、アリスが「わたしをのんで」と書かれた小瓶の液体を見つけて飲んでみると、体がどんどん小さくなっていきました。小さくなったことで、ネズミが通れるぐらいのドアから出られると思い、一瞬、嬉しくなります。しかし、縮んでいくことに、少し不安を覚えました。

 下線部中の tried の後が動名詞ではなく不定詞であるのはなぜでしょうか？

A-Z 英文法が語ること **目的語になる動名詞・不定詞**

　動名詞は、動詞の ing 形が文中で名詞の役割をするもので、不定詞の名詞用法と同じく文中で〈主語〉〈目的語〉〈補語〉になります。動名詞と名詞用法の不定詞は同じように使うことができますが、どちらかしか使えない場合や、動名詞と不定詞で意味が異なることもあります。ここでは、不定詞と動名詞が目的語になる場合について見ていきましょう。

目的語に動名詞しか使えない場合

① 前置詞の目的語になる時

　前置詞の目的語には、不定詞ではなく動名詞を用います。次の例文では、前置詞 of の目的語が動名詞になっています。また、文頭の reading も動名詞で、文の主語になっています。

Reading aloud is a good way of **developing** vocabulary.
（音読をすることは、語彙を増やしていくよい方法である）

② 特定の動詞の目的語になる時

　次の動詞の目的語には、不定詞ではなく動名詞を用います。

admit（〜を認める）、avoid（〜を避ける）、consider（〜を考える）、deny（〜を否定する）、enjoy（〜を楽しむ）、escape（〜から逃げる）、finish（〜を終わらせる）、give up（〜をあきらめる）、mind（〜を嫌がる）、miss（〜をしそこなう）、practice（〜を練習する）、put off（〜を延期する）、stop（〜をやめる）

目的語に不定詞と動名詞のどちらも取る場合

　目的語に不定詞と動名詞のどちらも取る場合は、意味の違いを意識して理解しておきましょう。一般的には、不定詞は〈未来志向〉、動名詞は〈過去志向〉と考えられています。例文を使ってその志向の違いを確認してみましょう。

① remember：〈remember to *do*〉は、単に「忘れない」ということを伝えているだけではなく、「ちゃんと覚えておいて、必ず実行する」という意味を含んでいます。〈remember *doing*〉は「すでに行ったことを覚えている」という意味になります。

Remember <u>to post the letter</u> on your way to the station.
（駅へ行く途中で、この手紙を忘れずにポストに出してください）
I don't **remember <u>saying such a thing</u>**.（そんなことを言った記憶はありません）

② forget：〈forget to *do*〉は「〜し忘れる」という意味を表します。〈forget *doing*〉は「〜したことを忘れる」という意味で、多くの場合〈will never forget *doing*〉の形で使われます。

I **forgot <u>to water the flowers</u>** this morning.（今朝、花に水をやるのを忘れました）
I'll never **forget <u>spending time with you here</u>**.
（私はあなたとここで過ごしたことを決して忘れません）

③ regret：〈regret to *do*〉は現在形で使われます。また、regret to の後ろに置くことのできる動詞は、「知らせる」を意味する tell、say、inform などに限られます。〈regret *doing*〉を使った文は、下の例文だと I shouldn't have told you the truth. のようなニュアンスをもちます。

I **regret <u>to inform you</u>** that I cannot accept your offer.
（申し訳ございませんが、あなたの申し出を受け入れることができません）
I **regret <u>telling you the truth</u>**.（あなたに本当のことを言ったのを後悔しています）

④ try：〈try to *do*〉には「〜しようと努力する（が、できない）」「あれこれ試してみる」という意味があります。一方、〈try *doing*〉には「（結果をみようとして）試しにやってみる」という意味があります。

I **tried <u>to move that desk</u>**.（その机を動かそうとした）
I **tried <u>moving that desk</u>**.（その机を試しに動かしてみた）

（さらに）　不定詞には〈未来志向〉のほかに〈個別的〉〈積極的〉な意味合いが、動名詞には〈過去志向〉のほかに〈一般的〉〈消極的〉な意味合いがあります。たとえば、I like <u>to play tennis</u>. は、今テニスをしたいと思っているということを表し、I like <u>playing tennis</u>. は、いつもテニスをすることが好きだという、一般的な状態のことを述べています。

英文法で迫る

　下線部では、アリスはロウソクが吹き消された後の炎の行方について考えています。でも、私たちもそうですが、炎の行方など考えたこともありませんし、それがどうなるのかなどわかりません。アリスは、見たり経験したりしたことがないことを何とか頑張って想像してみますが、その様子を表すために〈try to *do*〉が使われているのです。tried to fancy は、「無理かもしれないけど、何とか頑張って想像してみた」というニュアンスを表しています。

　もし不定詞の代わりに動名詞を使うと、どのような意味になるでしょうか。〈try *doing*〉は「（結果をみようとして）試しにやってみる」という意味なので、ここでは想像した結果が実際に見えることになってしまいます。「消えた後の炎」という、実際にはありえないことについて無理を承知で考えてみるという文脈では、やはり〈try to *do*〉がふさわしいですね。

日本語訳

　それでも、まず、彼女は数分待って、これ以上小さく縮んでいってしまわないかと確かめてみました。彼女は少し不安を感じていました。「だって、もしかしたら、私がロウソクのように完全に消えてしまうかもしれないじゃない」とアリスは自分に言い聞かせました。「その時、私はどんなふうになっているのかしら?」そして彼女は、ロウソクの炎が吹き消された後にどのようになるのかを想像しようとしました。というのも、彼女はこのようなことを一度も見たことがなかったからです。

英文を読み解く

① First, however, she waited for a few minutes to see if she was going to shrink any further:

- for a few minutes は、具体的に何分かを明示していないので、「数分間」というあいまいな意味でとらえておきます。ただし、a few には「短い期間である」というニュアンスがあります。

- see if 〜は「〜かどうか確かめる」という意味を表します。to see if 〜は「〜かどうか確かめるために」という目的を表す副詞用法の不定詞です。

- any further は肯定文・疑問文で使われると、「これ〔それ〕以上(の)」、否定文では「これ〔それ〕以上〜しない」という意味になります。

訳　それでも、まず、彼女は数分待って、これ以上小さく縮んでいってしまわないかと確かめてみました。

② she felt a little nervous about this; 'for it might end, you know,' said Alice to herself, 'in my going out altogether, like a candle.

◎ she felt a little nervous about this の this は、she was going to shrink any further を受けています。

◎ 'for it might end, you know,' の for は〈理由〉を表します。

◎ it 以降は、you know と said Alice to herself という語句が挿入されていて構造がつかみにくいので、挿入部分を外して考えてみましょう。it might end で「それが終わるかもしれない」と読んでいくと、後ろに in my going と前置詞句が出てくるので、読みの修正をします。end in 〜で「〈好ましくない結末〉に終わる」という意味を表します。go out は、like a candle をヒントにすれば、「(火・電灯などが) 消える」という意味だとわかるでしょう。副詞の altogether が修飾しているので、「完全に消えてしまう」という意味になります。in my going の所有格の my は、動名詞 going out の意味上の主語です。

訳 彼女は少し不安を感じていました。「だって、もしかしたら、私がロウソクのように完全に消えてしまうかもしれないじゃない」とアリスは自分に言い聞かせました。

③ I wonder what I should be like then?'

◎ what I should be は「いったい私はどうなるのだろうか」という意味です。これは少し古い表現で、疑問詞とともに should を用いると、「いったい〜」という意味になります。like は「〜に似た」「〜のような」という意味の前置詞です。この文は、アリスが「自分はどのようになってしまうのだろう?」と考えていることを表しています。

訳 「その時、私はどんなふうになっているのかしら?」

④ And she tried to fancy what the flame of a candle is like after the candle is blown out, for she could not remember ever having seen such a thing.

◎ what the flame of a candle is like の like は、「〜のような」の意味の前置詞です。

◎ for she could not ... の for は、〈理由〉を表します。

◎ remember ever having seen such a thing では、remember doing の動名詞部分が having seen と完了形になっています。動名詞の完了形は、「〜したことがある」という経験を表す時や、「過去のことであると明らかにしたい」時に使われます。ここでは、「今までにそんなことを一度も見たことがない」という経験の意味を表しています。

訳 そして彼女は、ロウソクの炎が吹き消された後にどのようになるのかを想像しようとしました。というのも、彼女はこのようなことを一度も見たことがなかったからです。

①It is tough to be the only one who says "no" to peer pressure, but you can do it. ②**Paying** attention to your own feelings and beliefs about what is right and wrong can help you know the right thing to do. ③Inner strength and self-confidence can help you hold your stance, walk away, and resist doing something when you know better.

(福島県立医科大学)

* inner strength：精神力、内面的な強さ

下線部の主語は何でしょうか？

 英文法が語ること　主語になる動名詞・不定詞

主語の位置に来る不定詞

　動名詞と名詞用法の不定詞は、どちらも文の主語になることができます。不定詞を主語にする場合、主語が「あたまでっかち」になるため、不定詞を主語に置くことは避け、形式主語の it を置いて表す傾向にあります（→ 26）。

It is good for your health **to take a walk every morning**.
（毎朝散歩をするのは健康によい）

　この形に慣れていると、次のような表現も理解しやすくなります。

It is my rule **never to drink more than one beer a day**.（1日にビールは1杯までしか飲まないのが私の決まりごとです → 私は1日にビール1杯ということにしています）

　否定の副詞（not / never）が不定詞を否定する場合は、not〔never〕to *do* の形になるので、この文の真主語は never to drink more than one beer a day です。

主語の位置に来る動名詞

　動名詞を主語にする場合も、形式主語の it で表すことができます。ただし、不定詞とは異なり、〈it is ～ *doing* ...〉の～の部分が次のような表現の時に限定される傾向があります。動名詞には〈過去志向〉〈一般的〉〈消極的〉な意味合いがあることを念頭に置けば（→ p.131（さらに）)、どのような表現で動名詞が使われるかがイメージできそうですね。

① 形容詞：nice / wonderful / dangerous / worth

It was nice **talking to you**.（あなたにお会いできて光栄です）

② 名詞的表現：fun / a pleasure / no use / no good

It is no use **crying over spilt milk**.（こぼしたミルクを泣いても仕方がない）

（ ちなみに ） 次の 2 つの文の違いはわかりますか？

(1)（It's）nice **to meet you**.

(2)（It's）nice **meeting you**.

(1) は「出会った時」に、(2) は「別れの際」に使います。動名詞が〈過去志向〉であることがわかれば、Nice meeting you. を別れの際に使うのも理解できますね。

文頭に *doing* が来ている場合

文頭に *doing* が来ている場合、「動名詞が主語になっている」以外に「現在分詞」の可能性を考えておく必要があります。次の例文を見てみましょう。

(1) **Staying at home during the COVID-19 pandemic** is the best way to stop the spread of the viruses.（COVID-19 が蔓延している期間に自宅にいることがウィルス拡散を食い止める最良の方法である）

(2) **Staying at home during the COVID-19 pandemic**, I had become a little more sensitive than usual.（COVID-19 が蔓延している間は家にいたので、いつもより少し神経質になっていました）

どちらも Staying at home during the COVID-19 pandemic までは共通していますね。違うのはその次です。(1) は、is the best と続いています。動詞の is には主語が必要になるので、前にある Staying は動名詞です。(2) は、後半の I had become a little more sensitive than usual だけを取り出しても意味が通る文で、その前にある Staying ... pandemic は I had become ... を修飾する副詞句になっています。このような〈*doing* 〜, S+V ...〉という構造を持つ文を〈分詞構文〉といいます。（くわしくは → 31 ）

 英文法で迫る

下線部の主語は Paying attention to your own feelings and beliefs about what is right and wrong です。とても長いので、まずは主語の部分を S に置き換えて、[S] can help you know the right thing to do とシンプルにして考えてみるとよいでしょう。「[S] は正しい行動をあなたが知ることの役に立つ可能性があります」というのが直訳で、ここに [S] の部分の訳を入れれば、全体の意味をとらえることができます。主語の部分にある動名詞は、〈一般論〉として述べるために使われています。To pay attention と to 不定詞で表すと、「注意を払うことがあれば」や「注意を払うことができたら」という意味になり、実際に注意を払うかどうかが不明確になります。

同調圧力に対して自分だけが「ノー」と言うのは大変なことですが、あなたにはそれができます。何が正しくて何が間違っているのか、自分の感情や信念に注意を払うことで、正しい行動をとることができます。精神力と自信があれば、他人よりも自分のほうが正しいという時に、自分の立場を守り、立ち去り、何かをするのを我慢することができます。

✒ 英文を読み解く

① It is tough to be the only one who says "no" to peer pressure, but you can do it.

◎ It is tough to be the only one の it は、to be the only one を指す形式主語で、「たった1人になることは大変なことである」となります。

◎ who says "no" の who は関係代名詞で、先行詞は the only one です。つまり、「『ノー』と言うたった1人の人になることは大変である」というのがここまでの意味になります。to peer pressure の to は前置詞で、この部分は「同調圧力に対して」という意味になります。

◎ but you can do it の do it は say "no" to peer pressure を受けています。

訳 同調圧力に対して「ノー」と言うたった1人の人になることは大変ですが、あなたにはそれができます。

② Paying attention to your own feelings and beliefs about what is right and wrong can help you know the right thing to do.

◎ Paying attention to your own feelings and beliefs の pay attention to ～は、「～に注意を払う」「～に気を配る」という意味の定型表現です。この to は前置詞で、ここでは your own feelings and beliefs about what is right and wrong が前置詞 to の目的語になっています。

◎ about は前置詞で、後ろに S + V を続けることができないので、名詞相当語句を置きます。したがって what is right and wrong は名詞句だとわかります。what は疑問詞としてとらえて、「何が正しく、何が間違っているのか」ととらえておきましょう。

◎ Paying から wrong までが長い主語で、can help が動詞になります。

◎ 〈help +人+ (to) do〉は、「人が～するのに役立つ」という意味です。

◎ the right thing to do の to do は、the right thing を後ろから説明する形容詞用法の不定詞です。「やるべき正しいこと」「何をすべきかということ」のような意味になります。

訳 ┃ 何が正しくて何が間違っているのか、自分の感情や信念に注意を払うことは、やるべき正しいことを知るのに役立ちます。

Paying attention to your own feelings and beliefs ⟨about what is right and wrong⟩
can help you ⟨know the right thing (to do)⟩.

---

③ Inner strength and self-confidence can help you hold your stance, walk away, and resist doing something when you know better.

◉ Inner strength and self-confidence が主語、can help が動詞です。第2文と同じく、ここでも ⟨help +人+ (to) *do*⟩「人が〜するのに役立つ」の形が使われていて、全体では「精神力と自信は自分自身の立場を維持するのに役立つ」という意味になります。

> (ちなみに) こうした〈無生物主語構文〉は、主語を副詞節のように訳すと日本語としてスムーズになります。この文では、「精神力と自信があれば、自分の立場を維持することができる」という感じにするとわかりやすいですね。

◉ hold your stance, walk away, and resist doing something は、and が結ぶ3つの並列になっています。resist は他動詞で、動名詞を後ろに置いて「〜することを我慢する」という意味になります。

◉ when you know better は、know better than 〜（〜より分別がある；〜のほうが間違えている）の than 以下が省略された形になっています。than 以下は文脈から考えます。ここでは、同調圧力がテーマですから、「他人よりも自分のほうが正しい（相手の方が間違えている）という時」という意味になります。

訳 ┃ 精神力と自信は、他人よりも自分のほうが正しいという時に、自分の立場を守り、立ち去り、何かをするのを我慢するのに役立ちます。

Inner strength and self-confidence can help you ⟨hold your stance,
　　　　　　　　　　　　　　　　　　　　　　　　walk away,
　　　　　　　　　　　　　　　　　　　　　　　　　　and
　　　　　　　　　　　　　　　　　　　　　　　　resist doing something⟩
⟨when you know better⟩.

---

①We all trooped out into the corridor, **leaving the two doctors alone**, and I heard the key turned in the lock behind us.

②We went slowly down the stairs. ③I was violently excited. ④I have a certain talent for deduction, and Dr. Bauerstein's manner had started a flock of wild surmises in my mind.

*troop out：(集団で) 歩いて出る　talent for deduction：推理の才能　surmise：推量、推察

文脈 アガサ・クリスティー (Agatha Christie) の「探偵ポアロ」シリーズの『スタイルズ荘の怪事件』(*The Mysterious Affair at Styles*) の一節です。事件のあった部屋の中には語り手の探偵助手の「私」(ヘイスティングス)、2 人の医師、数人の住人がいました。医師たちに「ちょっと 2 人だけで話をしたいから」と言われた「私」と残りの人々が、部屋を出る場面です。

> 下線部中の leaving the two doctors alone は何を表していますか？

 英文法が語ること　**分詞の用法**

　分詞には現在分詞と過去分詞があり、文中で形容詞や副詞のはたらきをします。ここでは、分詞の特徴的な用法について見ていきましょう。

▌知覚動詞・使役動詞＋ O ＋分詞

「見る (see、watch)」「観察する (observe)」「聞く (hear、listen to)」「感じる (feel)」などの知覚動詞や、一部の使役動詞 (make、have) が第 5 文型 (SVOC) で用いられる場合、C には〈原形不定詞〉〈現在分詞〉〈過去分詞〉のいずれかが来ます。3 つのうちどれを使うかは、原則として O と C の関係で決まります。

① O が C する：C は原形不定詞 (→ **27**)

I saw a man in a black shirt **cross the street** last night.
(昨夜、黒いシャツを着た男がその通りを渡るのを見た)

　この場合は、動作の一部始終 (渡り始めてから渡り終わるまで) を見たという意味になります。

② O が C している：C は現在分詞

I saw a man in a black shirt **crossing the street** last night.
(昨夜、黒いシャツを着た男がその通りを渡っているのを見た)

この場合は、動作の途中を見たという意味で、最後まで見たかどうかはわかりません。

③ O が C される：C は過去分詞

I saw a man in a black shirt **arrested by the police** last night.
（昨夜、黒いシャツを着た男が警官に逮捕されたのを見た）

　この場合は、arrest の目的語が「黒いシャツを着た男」ですので、**O と C が受動の関係**になっています。

（ちなみに）　使役動詞の場合、〈make ＋ O ＋過去分詞〉は「O を C された状態にする」、〈have / get ＋ O ＋過去分詞〉は「O を C してもらう」（受け身）「O を C される」（被害）という意味を表します。

文中に *doing* が出てくる場合

　〈SV ...〉の後に *doing* が出てくる場合、*doing* が動名詞なのか現在分詞なのかを考える必要があります。ここでは、現在分詞の場合を確認しておきましょう。

① 〈主格の関係代名詞＋ S ＋ V〉を *doing* に圧縮したパターン

Look at the woman **playing the piano** over there.
（向こうでピアノを弾いている女性を見てください）

⇒ the woman playing は the woman who is playing の関係になっている

② 等位接続詞 and の代用：「A して B する」「A した結果 B する」

I have just emailed my boss, **telling her** that I might be late for the meeting.
（私は上司にメールを送って、会議に遅れるかもしれないと伝えました）

⇒ emailed my boss, telling her は emailed my boss and told her の関係になっている

I talked too much, **making a fool of myself**.
（私はおしゃべりしすぎたので、物笑いの種になってしまった）

⇒ talked too much, making は talked too much and made の関係になっている

③ 付帯状況：「〜しながら S+V する」

The husband went on reading, **lying propped up with the two pillows** at the foot of the bed.（夫はベッドの端に重ねられた2つの枕に寄りかかりながら読書を続けた）

　②③のように〈S ＋ V ..., *doing* 〜〉という構造を持つ文を〈分詞構文〉といいます。分詞構文については、**31** でくわしく見ていきます。

英文法で迫る

　下線部中の leaving the two doctors alone は、〈S + V ～ , *doing* ...〉という分詞構文の形になっています。それでは、どのような意味で使われているでしょうか。この場面は、文脈 で示されているように、「私」たちが2人の医師から部屋を出ていってほしいと頼まれたところです。それを受けて、医師の望むとおり、「私」たちは部屋を出て、医師を残したので、「A して B する」という形式になっていることがわかります。つまり、「廊下にみんなで出て、医師たちを2人きりにした」ということで、leaving ... は、等位接続詞の and の代用と考えられます。〈付帯状況〉「～しながら S + V する」の可能性も考えておきましょう。その場合、「2人の医師を残しながら、部屋を出た」という意味になりますが、「部屋を出た」ことが中心になってしまい、少し違和感がありますね。

日本語訳

私たちは全員廊下へ出て、医師たちを2人きりにした。その後ろからドアにかぎがかけられる音を私は聞いた。
私たちはのろのろと階段を降りた。私は猛烈に胸が高鳴っていた。私にも多少の推理の才能があるので、バウアースタイン博士の態度から、私の心の中にはいくつかの狂気じみた推測が沸き起こっていた。

英文を読み解く

① We all trooped out into the corridor, leaving the two doctors alone, and I heard the key turned in the lock behind us.

◎ We all は「私たちみんな」という意味ですが、ここでは部屋にいる医師2人を除いた「みんな」という意味でとらえます。into the corridor は「廊下へ（出る）」という意味です。

◎ leaving the two doctors alone は、leave O alone という形になっています。leave O alone は「O を（かまわず）そのままにしておく」という意味です。

◎ and は時間的な前後関係を表し、「そして、それから、すると」という意味を表します。

◎ I heard the key turned は、SVOC の C に過去分詞が来ている形になっており、「O が C されるのを耳にした」という意味になります。turn the key in the lock「錠の中でかぎを回す→錠にかぎをおろす」を受け身にしたものです。

訳 私たちは全員廊下へ出て、医師たちを2人きりにした。その後ろからドアにかぎがかけられる音を私は聞いた。

② We went slowly down the stairs.

◎ slowly は went down the stairs「階段を降りた」を修飾する副詞です。

訳 私たちはのろのろと階段を降りた。

③ I was violently excited.

◎ was excited は他動詞 excite（～を興奮させる）の受動態です。excited は主語が〈人〉の時に「〈人が〉興奮して」、exciting は主語が〈もの〉の時に「〈ものが〉興奮させる」という意味を表します。

◎ violently は「激しく、乱暴に、猛烈に」という意味で、was excited「興奮していた」「胸が高鳴っていた」を修飾する副詞です。

訳 私は猛烈に胸が高鳴っていた。

④ I have a certain talent for deduction, and Dr. Bauerstein's manner had started a flock of wild surmises in my mind.

◎ have a talent for ～は「～の才能がある」、deduction は「演繹法による結論、推論」という意味です。ここでは、この小説内で「私」が探偵助手をしていることから、「推論」「推理」という意味でとらえます。

◎ and 以下の主語は Dr. Bauerstein's manner です。manner は「方法、態度」という意味です。

◎ 動詞が had started という過去完了形になっているところに注意しましょう。小説の語りの中で過去完了形が使われるのは、① 語りの時点よりも前の出来事を表す（大過去） ②語りの時点における現在完了の意味を表す という2つの場合です。ここでは、ある時点から「バウアースタイン博士の態度」に引っかかりを感じていて、それが語りの時点でも疑念として心にある、という過去の出来事が語りの時点まで影響している現在完了の意味で解釈します。

訳 私にも多少の推理の才能があるので、バウアースタイン博士の態度から、私の心の中にはいくつかの狂気じみた推測が沸き起こっていた。

31

分詞（2）

①At last, **feeling** this to be in some way a substitute for the words she was unable to find, she began to sing 'Beasts of England'. ②The other animals sitting round her took it up, and they sang it three times over－very tunefully, but slowly and mournfully, in a way they had never sung it before. ③They had just finished singing it for the third time when Squealer, attended by two dogs, approached them with the air of having something important to say.

*Squealer：スクィーラー（独裁者ナポレオンの右腕となり動物たちを支配する豚）

文脈 『動物農場』（→ p.62）の一節です。「動物農場」で独裁者による粛清が行われました。それに衝撃を受けた動物たちは、農場の未来に疑問を抱き、話し合いを始めます。雌馬のクローバーもその中のひとりでした。彼女は、動物たちで革命を起こそう、そこには素晴らしい動物たちの未来がある、と大演説をした今は亡き雄豚のメージャーのことを思い出します。彼は演説の中で「イングランドのけものたち」という歌を歌ったのでした。

? 下線部はどのような意味を表しているでしょうか？

 　英文法が語ること　　**現在分詞で始まる分詞構文**

　分詞で始まる句が副詞のはたらきをして、文全体を修飾する形を分詞構文といいます。分詞構文には、ふつう現在分詞が用いられ、①〈_doing 〜_, S + V ...〉②〈S, _doing 〜_, V ...〉③〈S + V ..., _doing 〜_〉の3つのパターンで文中に現れます。

┃分詞構文は「〜して」「〜で」ととらえる

　分詞構文では、〈S + V ...〉と〈_doing 〜_〉の2つの事象（命題）が並んでいるだけで、その2つにどのようなつながりがあるのかは示されていません。そのため、そこにどんな意味が付与されているのかを、読み手がとらえる必要があります。意味としては〈理由〉〈時〉〈譲歩〉〈原因〉〈付帯状況〉などが挙げられますが、たいていは2つのことがらが同時に起きていたり、時間的な前後関係があったり、因果関係で結ばれているような場合に使われます。したがって、まずは分詞構文の部分を「〜して」「〜で」ととらえてから全体の意味を考えるとよいでしょう。例文を使って具体的に見ていきましょう。

　(1) **Looking** behind me, I found a stranger was following me.

　Looking behind me を見たところで、まずは「振り返って、知らない人が私の後をつけていることに気がついた」としてみましょう。それから全体の意味を考えます。そうすると、

分詞構文の部分は「振り返ってみると」という〈時〉の意味だとわかります。

(2) **Being** sick in bed, he wasn't able to attend the meeting.

Being sick in bed を「病気で寝ていて」としておき、残りを「彼は会議に出席できなかった」とします。そうすると、「病気で寝ていて、彼は会議に出席できなかった」となります。この場合は、「寝ていたので」という〈原因〉の意味だと理解することができますね。

(3) **Turning** to the right, you'll find the bookstore on your left.

Turning to the right を「右に曲がって」として、「左側に書店が見つかります」と読み進めたところで、「右に曲がれば、左側に書店があるのがわかります」という〈条件〉の意味だということがわかります。

このように、最初の現在分詞を見ただけでは、それがどんな意味なのかはわかりません。したがって、まずは素直に「〜して」「〜で」と読むところから始めましょう。

〈S + V ..., *doing* 〜〉となる場合は、主節で述べられる出来事と〈同時〉であることが多いため、「〜しながら」という意味になることがあります。このような分詞構文を〈付帯状況を表す分詞構文〉といいます。

(4) He was doing his homework, **listening** to the radio.
　（彼はラジオを聞きながら宿題をしていた）

分詞構文に接続詞を付けて〈時〉や〈条件〉であることを明確にする場合もあります。

(5) **When seeing** the police, the man ran away.

Seeing the police, the man ran away. だと、「警官を見たと同時に逃げた」とも「警官を見たので逃げた」とも考えられます。そこで、接続詞を付けて〈時〉であることを明確にしているのです。

 英文法で迫る

　下線部は分詞構文になっています。まずは素直に「〜して」「〜で」と読むところから始めましょう。すると、「これが、彼女が見つけられなかった言葉の何らかの形の代わりになると思って」となります。そして歌い出すという文脈になりますが、そこにはどのようなつながりがあるのでしょうか。

　雌馬のクローバーは、独裁者による粛清を目の当たりにして、あれこれと心の中で考えていました。そのうちに、自分の考えを言葉にできないけれど、「この歌」ならその言葉の代わりになるのでは、と思えてきて、歌い始めたのです。だからこそ、彼女の歌は周りにいる者たちの心に響き、大合唱になったのです。つまり、この分詞構文は〈理由〉として解釈するのが一番自然です。

ついに、これが彼女が見つけられなかった言葉の何らかの形の代わりになると思って、彼女は「イングランドのけものたち」を歌い出しました。彼女の周りに座っていた動物たちもそれに加わり、繰り返して3回歌いました。今まで歌ったことのないほどに、とても美しい旋律でありながら、ゆっくりとそして哀しげに歌いました。ちょうど3回目を歌い終えたところで、スクィーラーが2匹の犬といっしょに、何か重要なことでも言わんばかりの雰囲気で彼らの所へ近づきました。

英文を読み解く

① At last, feeling this to be in some way a substitute for the words she was unable to find, she began to sing 'Beasts of England'.

◎ At last は「ついに、とうとう」という意味です。この表現には「努力してきて、長い間望んで」というニュアンスがあります。

◎ feeling this to be in some way a substitute for the words は〈feel + O + (to be) C〉の形になっています。「O が C だと思う、C の気〔感じ〕がする」という意味を表します。this は、後ろに出てくる「歌」を指します。in some way は「多少、いくぶん、ある意味では、なんとなく」という意味です。

◎ words の直後に主格の人称代名詞 she が出てきたところで、the words (which / that) she was unable to find のように、関係代名詞が省略されている可能性を考えて読みましょう。

◎ she began to sing 'Beasts of England' が主節になります。

> 訳 ついに、これが彼女が見つけられなかった言葉の何らかの形の代わりになると思って、彼女は「イングランドのけものたち」を歌い出しました。

At last,
⟨feeling this to be ⟨in some way⟩ a substitute (for the words (she was unable to find))⟩,
she began to sing 'Beasts of England'.

② The other animals sitting round her took it up, and they sang it three times over – very tunefully, but slowly and mournfully, in a way they had never sung it before.

◎ The other animals sitting round her までが主語、took が動詞です。sitting は現在分

詞で、The other animals を説明しています。took it up はここでは「合唱に加わる」という意味を表します。句動詞は〈動詞＋副詞＋名詞〉で表しますが、目的語が代名詞の時は〈動詞＋代名詞＋副詞〉という語順になることに注意しましょう。

◎ three times over の over は副詞です。X times over で「X 回繰り返して」という意味を表します。

◎ ダッシュ（－）は前の内容を補足する語句を導く役割があります。ここでは、動物たちが歌った様子を説明しています。ダッシュの後は、very tunefully と slowly and mournfully が but で結ばれています。

◎ in a way は「方法で」という意味の前置詞句です。その具体的な方法が、後に続く they had never sung it before という節によって説明されています。

> 訳 彼女の周りに座っていた動物たちもそれに加わり、繰り返して3回歌いました。今まで歌ったことのないほどに、とても美しい旋律でありながら、ゆっくりとそして哀しげに歌いました。

③ They had just finished singing it for the third time when Squealer, attended by two dogs, approached them with the air of having something important to say.

◎ They had just finished singing it は過去完了形になっています。小説の語りの中で過去完了形が使われるのは、① 語りの時点よりも前の出来事を表す　② 語りの時点における現在完了の意味を表す　という2つの場合でしたね（→ p.141）。ここでは「〜し終えたところだ」という現在完了の意味で使われています。

◎ when Squealer, attended by two dogs, approached them の when は「そしてその時」という意味です。〈had＋過去分詞〉や〈be about to〉の文に続いて〈when S＋V〉が使われると、「〜し終えた、その時」「〜しようとした、その時」という意味になります。

◎ attended は過去分詞で、Squealer approached them という文に attended by two dogs が挿入された形になっています。ここでの attended by は「〜が伴って」くらいの意味になります。attend には他動詞として「〜に出席する」という意味もあります。

◎ approached them の them は「動物たち」を指します。with the air of having something important to say の with は付帯状況を表し、「〜という様子で」という意味を表します。

> 訳 ちょうど3回目を歌い終えたところで、スクィーラーが2匹の犬といっしょに、何か言いたい重要なことがあるような雰囲気で彼らに近づきました。

32

分詞（3）

①Collecting has long been a popular hobby, be it for the usual stamps, coins, and buttons, or more recently for Pokemon trading cards. ②But some kinds of collecting require more than an amateur's knowledge; in this category we find fountain pens. ③<u>Widely replaced by more affordable and convenient ballpoint and rollerball pens</u>, today fountain pens as everyday writing tools are rarely seen. ④Precisely for this reason, they have caught the eye of collectors.

（東京大学）

 下線部の **replaced** の意味上の主語は何でしょうか？

 英文法が語ること 　**過去分詞で始まる分詞構文**

過去分詞で始まる分詞構文

　受け身の意味を持つ分詞構文は〈being +過去分詞〉で表されますが、文頭に being が来る場合は、being が省略される傾向にあります。

(Being) seen <u>from space</u>, the earth is very beautiful.
（宇宙から見ると、地球は非常に美しい）

　過去分詞で始まる分詞構文で気をつけておかなければならないのは、分詞構文の意味上の主語は、主節の主語だということです。上の例の場合は、the earth が (Being) seen に対応する主語になります。日本語の「宇宙から見ると」につられて人が主語だととらえないように注意しましょう。ちなみに、接続詞を使って書き換えると、When <u>the earth **is**</u> **seen** from space, it is very beautiful. となります。

完了形＋受け身の分詞構文

　完了形＋受け身の分詞構文〈Having been +過去分詞〉の場合は〈Having been〉の部分が省略されることがあります。ここでは、基本的な形を確認しておくことにしましょう。

Having been delivered <u>to the wrong address</u>, the parcel from my father never arrived at my house.（誤った住所へ配達されてしまったので、父からの荷物が我が家に届かなかった）

　接続詞を使って書き換えると、As <u>the parcel from my father</u> **had been delivered** <u>to the wrong address</u>, it never arrived at my house. のようになります。

　完了形の分詞構文が使われるのは、主節の表す時よりも前に生じたことを表す場合です。上の例文では、「すでに他の家に配達されてしまったので、うちには届かなかった」のように、完了形によって「時間的なずれ」を表しています。

分詞構文の意味は文脈からとらえる

　分詞構文を接続詞を使った文に書き換えることは、分詞構文の原理を知るには大変役立ちます。しかし、英文中で分詞構文が出てくるたびに「どんな接続詞が適切だろうか」と悩んだりしないようにしましょう。あえて分詞構文という接続詞のない文になっているのは、ほとんどの場合、素直に文脈に従っていけば自然に意味が理解できるからなのです。例文を使って、そのことを確かめてみましょう。

Seeing a police officer, the thief ran away.

　まずは日本語の「警官を見て泥棒は逃げた」で考えてみましょう。「見て」を「見た時に」という〈時間〉の表現と解釈することもできますし、「見ると同時に」という〈同時性〉、あるいは「見たので」という〈理由〉の表現ととらえることもできますね。逆に言えば、この文の正確な意味は、1つの文だけでは判断できず、前後の文脈を含めて考える必要があるのです。これは英語でもまったく同じです。ですから、まずは「警官を見た」「泥棒が逃げた」という2つの事態・状況を思い浮かべられれば大丈夫です。そのまま読み進めていけば、文脈から自然に意味が理解できるでしょう。もう1つ例を見てみましょう。

Taken every day, this medicine will make you feel better.

　Take の意味上の主語は this medicine なので、「この薬が毎日飲まれる」「この薬はあなたの気分をよくしてくれるだろう」ということがらを結びつけているのは〈仮定〉だと自然にわかるはずです。つまり、「この薬を毎日飲めば、気分はよくなっていきます」という意味ですね。このように、1つの文だけで用法をほぼ特定できることもあります。

 英文法で迫る

　下線部は過去分詞で始まる分詞構文で、意味上の主語は、主節の fountain pens（万年筆）です。そのことを、文脈から確認してみましょう。

　第1文では、「素人でも手を出しやすい収集」として、切手やコインを挙げています。続く第2文では、「素人の知識では難しい収集」として万年筆を挙げています。But という対比を表す語があることからも、A（第1文）↔ B（第2文）の関係となっていることがわかりますね。このような場合、次に続くのは原則として B の内容を拡充したものになります。すると、Widely replaced by more affordable and convenient ballpoint and rollerball pens を読んだところで、主語がなくても万年筆がボールペンにその座を奪われたということが何となくわかります。そして、主節の主語に fountain pens が出てきたところで、「やっぱり分詞構文の意味上の主語は万年筆だ」と確信することができます。このように、文脈をしっかり理解しながら読めば、分詞構文の意味や意味上の主語を正しく把握できるのです。

それがどこにでもある切手やコイン、バッジであれ、またより最近のものならポケモンの
トレーディングカードであれ、収集というものは昔から人気のある趣味である。しかし、
ある種の収集は素人の知識を超えたものが必要となる。この種に属するものが、万年
筆の収集である。それより手軽に入手できて便利なボールペンや水性ボールペンに広く
取って代わられてしまい、今では日常的な筆記具としての万年筆を見ることはほとんどな
い。まさにこうした理由のため、万年筆は収集家たちの目をひきつけてきたのだ。

英文を読み解く

① Collecting has long been a popular hobby, be it for the usual stamps, coins, and buttons, or more recently for Pokemon trading cards.

◆ Collecting has long been a popular hobby の long は、「長い間」という意味の副詞で
す。主語は collecting、動詞は has (long) been、補語は a popular hobby です。現在
完了形では、have +過去分詞の間に副詞が挿入されます。

◆ be it for the usual stamps はやや固い表現で、仮定法現在の if it be for ～（たとえ
～だとしても）から if を省略して、it と be の語順を倒置させたものです。この if は
even if や whether と同じ意味で使われていて、仮定法現在の部分が〈譲歩〉を表す副
詞節として機能しています。Were it not for ～（～がなかったら）の対の表現と考えると
よいでしょう。

> **訳** それがどこにでもある切手やコイン、バッジであれ、またより最近のものならポケモンのトレ
> ーディングカードであれ、収集というものは昔から人気のある趣味である。

② But some kinds of collecting require more than an amateur's knowledge; in this category we find fountain pens.

◆ 主語は some kinds of collecting、動詞は require です。some kinds of ～「ある種の
～」、require「～を必要とする」、more than ～「～以上」という基本的な表現を押さえて
おきましょう。

◆ セミコロン (;) は、何らかの関係のある文をつなぎます。したがって、セミコロンの前
後がどのようなつながりがあるのかを考えながら読む必要がありますが、分詞構文と同
じように、そのまま読み進めていけば、文脈から自然に意味が理解できるでしょう。

◆ in this category の this は、前文の「素人の持つ知識以上が要求される収集」を指しま
す。in this category we find fountain pens は「こうした分野には万年筆がある」という

意味になり、セミコロン以下は前文の具体例を示していることがわかります。

> 訳 しかし、ある種の収集は素人の知識を超えたものが必要となる。この種に属するものが、万年筆の収集である。

③ Widely replaced by more affordable and convenient ballpoint and rollerball pens, today fountain pens as everyday writing tools are rarely seen.

◎ Widely replaced by more affordable and convenient ballpoint and rollerball pens は過去分詞で始まる分詞構文で、前に being が省略されています。文頭の副詞 Widely は (being) replaced を修飾しています。

◎ more affordable and convenient ballpoint and rollerball pens という比較級の表現の後に比較対象を示す than がありませんが、文脈から、万年筆と比べてボールペンや水性ボールペンが手に入りやすく便利だということがわかります。

◎ fountain pens as everyday writing tools are rarely seen が主節になります。主語の fountain pens の後の as は、「～としての」という意味の前置詞です。everyday writing tools は「普段使う筆記具」という意味になります。動詞の are rarely seen は「ほとんど見かけない」という意味です。

> 訳 それより手軽に入手できて便利なボールペンや水性ボールペンに広く取って代わられてしまい、今では日常的な筆記具としての万年筆を見ることはほとんどない。

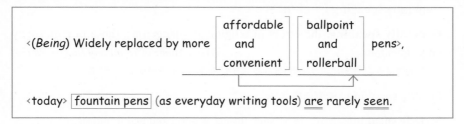

④ Precisely for this reason, they have caught the eye of collectors.

◎ Precisely は「まさに」という意味の副詞で、for this reason を修飾しています。this は「万年筆が普段使う筆記具としてはほとんど見かけなくなったこと」を指しています。

◎ 主語の they は「万年筆」を指します。catch the eye of ～は「〈人〉の目に留まる、〈人〉の目を引く」という意味です。つまり、万年筆は「レア」になったことで、収集家の目を引くようになったということを表しています。

> 訳 まさにこうした理由のため、万年筆は収集家たちの目をひきつけてきたのだ。

33

分詞（4）

①I tried to visit my neighborhood zoo one afternoon but found it closed for renovations. ②As I turned and headed back toward home, I was thinking only of the old black rhino, wondering whether he'd be back when the zoo was re-opened. ③**Judging from my numerous visits**, he was never a very big draw, being, I suppose, entirely too inactive to look at for long. ④And yet I found him the most attractive, the most challenging to draw near to for that.

(東京大学)

* rhino：サイ

 下線部はどのような意味を表しているでしょうか？

 英文法が語ること　　分詞構文を用いた慣用表現

分詞構文を用いた慣用表現

英文中で、分詞構文が「これから書き手の意見やコメントが述べられる」ことを示すサインとして機能する場合があります。そのような場合、基本的には次のような慣用表現が使われます。

・Generally speaking「一般的に言って」

Generally speaking, the errors in religion are dangerous; those in philosophy only ridiculous. 　　　　(David Hume, *A Treatise of Human Nature*)

（一般的に言って、宗教における誤りは危険であり、哲学における誤りはただ滑稽である）

・Strictly speaking「厳密に言うと」

Strictly speaking, there are no such things as good and bad impulses.

(C.S. Lewis, *Mere Christianity*)

（厳密に言うと、よい衝動や悪い衝動なんていうものはないのである）

・Judging from ～「～から判断すると」

Judging from the past, we may safely infer that not one living species will transmit its unaltered likeness to a distant futurity.

(Charles Darwin, *On the Origin of the Species and The Voyage of the Beagle*)

（過去のことから判断すると、変わらない姿をはるか先の未来の姿へ伝えることができる生物種は1つもないと考えて差しつかえないでしょう）

ちなみに (1) 分詞の意味上の主語が主節の主語と異なる場合、次の例文のように分詞の前に主語を置きます。このような分詞構文を〈独立分詞構文〉といいます。

<u>All things **considered**</u>, I think he's done well. (すべてを考慮すると、彼はよくやったと思う)

ただし、p.150 の慣用表現のように、分詞の前に置かれている主語が主節の主語と一致していなくても省略されることがあります。これを〈懸垂分詞構文〉と呼びます。

(2) Considering 〜「〜を考えてみると」、Regarding 〜「〜に関して」、Given 〜「〜を考慮してみると」も同じようなはたらきをしますが、これらは分詞構文ではなく前置詞として考えたほうがよいでしょう。

 英文法で迫る

下線部の Judging from my numerous visits は、Judging from 〜という慣用表現を用いた分詞構文になっています。**Judging from 〜は「これから書き手の意見やコメントが述べられる」ことを示すサイン**になるので、そのことを意識しながら読み進めましょう。すると、he was never a very big draw (彼は決して人気者になることはなかった) という具体的な内容が続いています。その後に突然 being が出てきますが、続く I suppose という挿入部分を外して考えれば、being entirely too inactive to look at for long という分詞構文になっていることがわかります。それでは、この分詞構文はどのような意味を表しているでしょうか。前の部分で「彼は決して人気者になることはなかった」という情報が提示されましたが、そうすると、必然的に「どうして?」という疑問を持ちますよね。それに対する答え、つまり「人をひきつけなかった理由」が、being で始まる分詞構文によって説明されているのです。全体では、「彼は決して人気者になることはなかった。というのも、彼はあまりに動かないので、長いこと見ていることができなかったからだ」となります。

このように、文中に動詞の ing 形が来ても、落ち着いて文脈を追いかけていけば、意味がちゃんとわかるようになります。ちなみに、being から始まる分詞構文のほとんどは〈理由〉を表しているということを知っておくと、英文が読みやすくなるかもしれません。

日本語訳

ある日の午後、私は、家の近くにある動物園に行こうとしたら、改装中で閉まっていた。私は家に戻りながら、動物園が再開されたら、彼は戻ってくるのだろうかと、年老いたクロサイのことだけを考えていた。私は何度も訪れているからわかるのだが、彼はそれほど人気があるわけではなかった。というのも、私が思うに、彼はあまりに動かないので、ずっと見ているのがつらいからだ。それでもやはり、私には彼が最も魅力的だった。動かないだけに、近づいて来るように誘ってくる魅力があるのだ。

① I tried to visit my neighborhood zoo one afternoon but found it closed for renovations.

⬡ 〈try to *do*〉は「〜しようと努力する（が、できない）」「あれこれ試してみる」という意味ですが（→28）、その行為が実現しなかったことを述べる際の文脈で使われることがあります。ここでは、「動物園を訪れようとしたけれど、それが達成できなかったのだろう」と予測して読み進めます。

⬡ found it closed は、〈find O C〉のC に過去分詞が来ている形になっています。closed は「動物園が閉められていた」という意味ですが、「動物園が閉まっていた」ととらえたほうがよいでしょう。

⬡ for renovations の for は理由を表し、ここでは「改装中のため」という意味になります。

訳 ある日の午後、私は、家の近くにある動物園に行こうとしたが、改装中で閉まっていた。

② As I turned and headed back toward home, I was thinking only of the old black rhino, wondering whether he'd be back when the zoo was re-opened.

⬡ 文頭の As は when の意味でとらえておきましょう。turned and headed back toward home は「向きを変えて、家に向かって（今来た道を）後ろの方に進んだ」という意味で、全体では「きびすを返して自宅に戻る時に」となります。

⬡ be thinking of 〜は「〜のことについて考えている」という意味です。only に修飾されているので、ここでは「〜のことだけを考えていた」となります。

⬡ ..., wondering は、分詞構文になっています。どんなことを考えていたのか、その内容が分詞構文によって示されると考えながら読み進めましょう。

⬡ whether he'd be back は、〈whether S + V〉「S + V かどうか」という形になっています。he'd (=he would) と過去形になっていますが、これは〈単純未来〉の will を過去形にしたものです。「物語形式の文章の基本時制は過去形」ということを知っておけば、この部分を仮定法過去と誤読しなくて済むでしょう。

訳 私はきびすを返して自宅に戻る時、動物園が再開されたら、彼は戻ってくるのだろうかと、年老いたクロサイのことだけを考えていた。

③ Judging from my numerous visits, he was never a very big draw, being, I suppose, entirely too inactive to look at for long.

◎ my numerous visits は、I have visited many times という文が名詞化されたものと考えます。「私は何度も動物園に通っていることでわかったことがある」という意味になります。

◎ he was never a very big draw の a draw は名詞で「興味を呼び寄せる人〔もの、呼び物〕」という意味です。an attraction が類義語になります。

◎ being 以下は分詞構文で、he was never a very big draw の判断の根拠を示しています。I suppose は挿入としてとらえておきましょう。

◎ entirely too inactive to look at for long は〈too ~ to do〉の形になっています。「とても~なので…できない」という意味ですが、entirely too inactive をひとかたまりとしてとらえて、「まったく動くことがないので」とするとよいでしょう。つまり、「サイは全然動かないからずっと見ていられない」となるわけです。

訳 私は何度も訪れているからわかるのだが、彼はそれほど人気があるわけではなかった。というのも、私が思うに、彼は全然動かないので、ずっと見ていられないからだ。

④ And yet I found him the most attractive, the most challenging to draw near to for that.

◎ And yet は「それなのに、それにもかかわらず」という意味です。

◎ I found him the most attractive は、〈find O C〉「O が C だと思う」という形になっています。

◎ コンマの後に the most challenging to draw near to と続いているのが読みづらかったのではないでしょうか。challenging には「挑戦的な」という意味もありますが、ここでは「人の気をそそる、魅力的な」という意味で使われています。つまり、前に出てきた the most attractive の言い換えになっているのです。challenging to draw near to は「~に近づきたくなるほど魅力的な」という意味になります。ここでは near to の後ろに him（＝サイ）が省略されていると考えておきます。

◎ for that の for は〈理由〉を表し、that は前出の「サイが全然動かない」を指しています。つまり、サイが動かないからこそ、人をひきつける魅力があると筆者は感じているのです。

訳 それにもかかわらず、私には彼が最も魅力的だった。動かないからこそ、近づきたくなるほど最も魅力的だったのだ。

📖 読書案内 『不思議の国のアリス』

『不思議の国のアリス』(*Alice's Adventures in Wonderland*)(1865 年)は、オックスフォード大学の数学者であるチャールズ・ドジソン(Charles Dodgson, 1832-1898)が、ペンネームのルイス・キャロル(Lewis Carroll)として書いた物語です。

あらすじ ◆

　川辺で本を読んでいる姉の隣で、アリスは退屈しながら座っていました。目の前を通った白ウサギを追いかけていくと、穴に落ちてしまいます。広間にたどり着くも、そこには人間が通ることができない小さな扉しかありません。テーブルの上には小瓶と扉の鍵がありました。アリスは小瓶を手に取り、飲むと体がどんどん小さくなりました。しかし、小さくなったアリスはテーブルの上の鍵が取れません。ケーキを見つけたアリスは、それを食べるのですが、今度は体が大きくなりすぎて部屋から出られなくなります。アリスは泣き出し、その涙が池を作りました。

　家の外に出たアリスは、おおきなキノコの上で水タバコを吸っているあおむしに出会います。そこで、きのこを食べることで体の大きさを調整できることを教えてもらいます。森を歩いていると、木の枝でニッコリ笑うチェシャ猫に出会い、どっちに行けばいいか聞くと、チェシャ猫はどっちでも問題ないと答えます。そして歩いていくうちに、三月ウサギ、やまね、帽子屋がお茶会をしているところに出くわします。このお茶会はハチャメチャで、アリスはあきれてその場を立ち去ります。

　さらに歩みを進めると、ドアが付いた木を見つけその中に入っていきます。庭には、女王に首をはねられるからと言う理由で、白いバラに赤いペンキを塗っている庭師がいます。王様と女王様、そしてトランプの兵隊の隊列がやってきます。女王様はアリスの首をはねることを命じます。

◆

　このように、アリスの身には次から次へと「ふしぎな」できごとが起こります。次に何が起こるかわからないからこそ、どんどんと物語の世界の中に引き込まれていくのです。続きが気になりますよね。

❝ *"Then it doesn't matter which way you go,"* said the Cat.
　(「それなら、どの道を進もうと問題ない」と猫はいいました)

第 8 章

前置詞・接続詞で迫る

前置詞は、名詞相当語句の前に置かれて意味のまとまりを作ります。接続詞は、語と語、句と句、文と文などを結びつけるはたらきをします。どちらも英文を読み解くうえでカギとなることばですので、ここでそのはたらきと意味を整理しておきましょう。

①Then the snow came, and **after** the snow came the frost. ②The streets looked as if they were made of silver, they were so bright and glistening; ③long icicles like crystal daggers hung down from the eaves of the houses, everybody went about in furs, and the little boys wore scarlet caps and skated on the ice.

*icicle：つらら　　dagger：短剣　　eaves：(家の) 軒、ひさし

文脈　『幸福な王子』(→ p.26) の一節です。幸福な王子の装飾品は、ツバメによって苦しんでいる人たちのもとに届けられました。最後に残ったサファイアの目をあげたことで、王子は視力を失います。エジプトに行きたかったツバメは、王子のもとで過ごすことを決意しました。その時には本格的な冬が到来し、ツバメにとっても非常に厳しい時期になりました。

　下線部はどのような意味を表しているでしょうか？

 英文法が語ること　　**前置詞・接続詞のはたらき**

接続詞のはたらき

　接続詞には、等位接続詞と従属接続詞があります。それぞれのはたらきを確認しておきましょう。

① 等位接続詞

　文法的に同じはたらきをする語と語、句と句、節と節を対等に結びつけます。等位接続詞には、次のようなものがあります。

○ and：A and B で「A と B」という意味を表します。「A して、そして B する」のように、2つの行為が連続している、あるいは、つながっていることを表す時にも使われます。

○ but：A but B で「A しかし B」という意味を表します。書き手が伝えたい内容は but の後ろに来ます。A と B には文法的に対等なものが来ますが、意味や内容は対等にならないことに注意しましょう。

○ or：A or B で「A または B」という意味を表し、選択の対象を示します。

○ nor：否定文の後に〈nor +助動詞〔be 動詞〕+ S〉の形で用い、「S もまた〜でない」という意味を表します。

○ for：〈S+V 〜 , for S'+V' ...〉の形で直前に述べられていることの根拠を表し、「SV、というのは S'V' だからである」という意味になります。

○ so：〈S+V 〜 , so S'+V' ...〉の形で直前に述べられている内容の結果を表し、「SV である。だから S'V' である」という意味になります。

② 従属接続詞

後に〈主語＋動詞〉を伴い、名詞節または副詞節を作ります。後に続くのが〈主語＋be 動詞〉の時は、〈主語＋be 動詞〉が省略されることがあります。

（1）名詞節を導く接続詞：that（〜ということ）, whether / if（〜かどうか）

（2）副詞節を導く接続詞：

○時を表す副詞節を導く接続詞：when / while / as / before / after / since / until / once / as soon as / the moment / every time / each time

○原因・理由・目的・結果・程度を表す副詞節を導く接続詞：because / since / as / so that / in order that / in case

○条件・譲歩を表す副詞節を導く接続詞：if / unless / although〔though〕/ even if / whether / as far as / as long as

相関接続詞

both A and B のように、セットで使われる接続詞のことを相関接続詞といいます。both A and B などが文の主語になった時に、次の動詞がどのような形になるのかについてもあわせて確認しておきましょう。

○ both A and B「A も B も両方とも」：主語は複数とみなします。

○ either A or B「A か B かのどちらか」：動詞は B に合わせます。

○ neither A nor B「A でも B でもない」：動詞は B に合わせます。

○ not only A but also B「A ばかりでなく B も」：動詞は B に合わせます。

前置詞のはたらき

前置詞は、後ろに名詞（句）・代名詞（句）・動名詞（句）という名詞相当語句が来て、副詞または形容詞のはたらきをする句を作ります。

○場所・方向を表す前置詞：in / at / on / over / under / above / below / between / among / near / by / beside / behind / around / about / to / for / from / toward / into / out of / across / along / through

○時を表す前置詞：in / at / on / by / until / for / during / from / since / before / after

○その他の前置詞：of / with / but, except (for)

since / before / after のように、接続詞と前置詞の両方の役割を持つ語もあります。そのような語が出てきたら、「後ろに何が来るか」を見定めて意味を考えるようにしましょう。

英文法で迫る

　下線部は after で始まっています。after には接続詞と前置詞の両方のはたらきがあり
ますが、ここではどちらのはたらきをしているかを考えてみましょう。

　まずは接続詞ととらえて読んでみましょう。後ろに the snow came the frost と文が来て
いるので一見問題なさそうですが、動詞の come が自動詞であることに注目しましょう。
自動詞なので、直後に目的語となる名詞を置くことはできません。また、come が補語にと
れるのは形容詞だけですから、the snow came the frost を〈SVC〉の文としてとらえるこ
ともできません。名詞を置く場合は、come to〔into〕～のようにしなければなりません。

　つまり、この after は前置詞で、after the snow が「雪の後」「雪に続いて」という意
味の前置詞句になっているのです。came the frost は、主語と動詞の順序が入れ替わ
った倒置になっています。この形は Come spring（＝ Spring has come.）と同じ形で、
come は「（季節・機会が）やってくる、到来する」という意味になります。このような語順に
なっていることで、「雪になり、雪に続いて霜になった」「雪が降って、そのまま凍りついた」と
〈旧情報→新情報〉の順になり、話の流れがとてもわかりやすくなっているのです。

日本語訳
　その後、雪が降り、雪の後には霜が降りました。通りはまるで銀でできているかのように
明るく輝き、家々の軒先には水晶の短剣のような長いつららが垂れ下がり、誰もが毛皮
を着て歩き、小さな男の子たちは緋色の帽子をかぶって氷の上を滑っていました。

✒ 英文を読み解く

① Then the snow came, and after the snow came the frost.

◉ and は等位接続詞で、the snow came と after the snow came the frost という2つの
　文を結んでいます。

◉ 2つの文の came は「（季節・機会が）やってくる、到来する」という意味の自動詞です。

◉ after the snow came the frost は、After a storm comes a calm.（嵐の後には凪が来
　る→雨降って地固まる）という英米人なら誰でも知っていることわざが下敷きになった表
　現です。もちろん、情報の流れをスムーズにするために after the snow を前に出した結
　果、主語と動詞が倒置された文と考えてもかまいません。

訳 その後、雪が降り、雪の後には霜が降りました。

② The streets looked as if they were made of silver, they were so bright and glistening;

💠 The streets looked as if they were made of silver の **as if ~** は、「あたかも~であったかのように」という意味です。be made of ~ は「(直接的な素材である)材料」からできていることを表します。be made from ~ (〈原料〉からできている)との違いに注意しましょう。

💠 they were so bright and glistening は、前の as if they were made of silver の〈理由〉を表すはたらきをしています。

訳 通りはまるで銀でできているかのように明るく輝いていました。

③ long icicles like crystal daggers hung down from the eaves of the houses, everybody went about in furs, and the little boys wore scarlet caps and skated on the ice.

💠 long icicles like crystal daggers hung down from the eaves of the houses は、long icicles like crystal daggers が主語、hung (down) が動詞になっています。from the eaves of the houses は、the houses と複数形になっているので、「家々の軒先からは」という意味になります。

💠 everybody went about の about は、「周囲に」という意味の副詞です。ここでは go about で「歩き回る」という意味を表しています。

💠 in furs の in は、「~を身につけて」という意味で使われる前置詞です。

💠 and the little boys wore scarlet caps の and は**等位接続詞**で、long icicles like crystal daggers hung down ... / everybody went about ... / the little boys wore ... という3つの文を結びつけています。また、and skated の and は wore scarlet caps と skated on the ice を結びつけています。

訳 家々の軒先には水晶の短剣のような長いつららが垂れ下がり、誰もが毛皮を着て歩き、小さな男の子たちは緋色の帽子をかぶって氷の上を滑っていました。

```
│long icicles like crystal daggers│ hung down <from the eaves of the houses>,
│everybody│ went about <in furs>,
        and
│the little boys│ ┌ wore scarlet caps
                 │    and
                 └ skated <on the ice>.
```

35

さまざまな意味を持つ前置詞

①The world is rapidly approaching a death toll of one million from COVID-19, the Johns Hopkins Coronavirus Resource Center reported early Monday. ②Hopkins said there are more than 33 million COVID-19 infections around the globe.

③A CNN investigation of Hopkins data reveals <u>the number of COVID-19 cases has increased **by** at least 10% from the previous week in 21 U.S. states.</u>

(VOA news; September 28, 2020)

 下線部の by はどのような意味を表しているでしょうか？

A-Z 英文法が語ること　**さまざまな意味を持つ前置詞**

　前置詞の多くはさまざまな意味を持っているので、前後の関係から意味を判断する必要があります。例として、by を見てみましょう。by には「～に近接して」という基本的な意味があり、そこから、〈物理的な近さ〉〈時間的な近さ〉を表すほか、〈行為者〉〈手段〉なども表します。

物理的な近さを表す by

①「～の近くに、～のわきに、～寄りの」

She was standing **by** the window. （彼女は窓際に立っていた）

　〈by ＋目標物〉で「目標物の近くに」という意味を表します。near / near to も「～の近くに」と意味を表しますが、by は目標物にかなり近いことを表します。たとえば、by the station は「駅がすぐそばにある」ことを表しますが、near the station は駅からかなり離れていても使うことができます。

②「～を通って〔経由して〕」

Akiko came in **by** the main gate. （アキコは正門を通って入ってきた）

時間的な近さを表す by

You have to submit your essay **by** Wednesday.
（水曜日までにレポートを提出しなければなりません）

　〈by ＋日時〉で完了の期間を表し、「～までに」という意味になります。この by と until（～まで）は混同しやすいので気をつけましょう。until は、Will you stay here **until** 7 p.m.?（7 時までここで待っていてくれますか）のように、「その間ずっと」という状態や動作の継続を表します。

数量を伴い単位や差異、程度・割合を表す by

① 単位「〜単位で」

Part-time work is generally paid **by** the hour. （一般にアルバイトは時給制です）

② 程度・差「〜の分だけ」: by 30% は「30%の分だけ」という意味になります。

The number of overseas workers increased **by** about 30 percent.
（外国人労働者の数はおよそ 30%増加した）

The bullet missed me **by** about five centimeters.
（弾丸は私からわずか 5 センチのところをかすめていった）

Ken is older than I **by** three years. （ケンは私よりも 3 歳年上です）

③ 割合「〜ずつ」

The guests came one **by** one. （訪問客は 1 人ずつやってきた）

行為者・手段を表す by

French is spoken **by** about 7.3 million Canadians today.
（フランス語は現在カナダでは約 730 万人の人たちによって話されている）

He usually comes to school **by** car. （彼はたいてい車で学校に来る）

You can save ten minutes **by** taking this highway.
（この高速道路を使えば 10 分短縮できます）

 英文法で迫る

　下線部の by の後には、at least 10% という数値が来ていますね。前置詞の by の後ろに数字が来ている時は、文中で用いられている単語を頼りに、〈差〉を表すのか〈割合〉を表すのかを文脈に沿ってしっかり考える必要があります。次の例文で確認しましょう。

(1) The number of infected people increased **by** 50.
(2) Our sales have increased **by** about 30 percent every year.

　(1) は、感染者数がどれだけ増えたのかという〈差〉が by によって表されていて、「感染者数が 50 人増えた」という意味になります。一方、(2) では、文末に every year （毎年）という副詞句があることに注意しましょう。この by は、「30%ほど増えた」という意味ではなく、「売上が毎年 30%ずつ増えている」という〈割合〉の意味を表しています。

　改めて下線部を見てみましょう。by は先週から「少なくとも 10%の分だけ増えた」という〈差〉を表していると考えられます。全体では、「アメリカの 21 の州では COVID-19 の感染者数が前週から少なくとも 10%増加している」という意味になります。

月曜朝のジョンズ・ホプキンス・コロナウイルス・リソース・センターの報告によれば、COVID-19 による世界の死者数は 100 万人に急速に近づいている。ホプキンス大学によると、COVID-19 の感染者は世界中で 3,300 万人を超えるという。

CNN がホプキンス大学のデータを調査したところ、米国の 21 の州で COVID-19 の感染者数が前週から少なくとも 10% 増加していることが明らかになっている。

英文を読み解く

① The world is rapidly approaching a death toll of one million from COVID-19, the Johns Hopkins Coronavirus Resource Center reported early Monday.

- The world is rapidly approaching の approach は a death toll を目的語にとる他動詞で、「〜に近づく」という意味です。進行形になっていることにも注目し、「世界は急速に〜に近づいている」という意味でとらえます。

- a death toll of one million from COVID-19 の toll は「犠牲者数」を表し、ここでは a death toll of 〜で「〜人の死者数」の意味になります。from は〈原因〉を表す前置詞で、「COVID-19 に起因する」という意味になります。

  ちなみに　toll には、pay a **toll** to cross the bridge（この橋を渡るのに通行料金を支払う）のように「通行料金」の意味もあります。

- the Johns Hopkins Coronavirus Resource Center reported early Monday は、the Johns Hopkins Coronavirus Resource Center が主語で、動詞が reported です。reported の後に目的語に当たる語句がないことに注目しましょう。ここでは、目的語に当たる The world is ... from COVID-19 という節が前に置かれています。つまり The John Hopkins Coronavirus Resource Center reported (that) the world is rapidly ... がもとの形になります。

訳　月曜朝、ジョンズ・ホプキンス・コロナウイルス・リソース・センターは、COVID-19 による世界の死者数は 100 万人に急速に近づいていると報告した。

[The world is rapidly approaching a death toll of one million from COVID-19],

the Johns Hopkins Coronavirus Resource Center reported <early Monday> [ ].

② Hopkins said there are more than 33 million COVID-19 infections around the globe.

◎ **Hopkins said** の後には接続詞の **that** が省略されています。

◎ **more than 33 million COVID-19 infections** の **more than 〜** は「〜 を 超 え る」、**infection** は「感染例」「感染症」という意味です。

◎ **around the globe** は **around the world** と同じで「全世界で」という意味です。

> 訳 ホプキンス大学によると、COVID-19の感染者は世界中で3,300万人を超えるという。

③ A CNN investigation of Hopkins data reveals the number of COVID-19 cases has increased by at least 10% from the previous week in 21 U.S. states.

◎ 主語の **A CNN investigation of Hopkins data** は、**CNN investigated Hopkins data** という文を名詞化したものです。他動詞を名詞化する場合、意味上の主語を名詞の前に置き（原則として所有格にする）、意味上の目的語を〈**of 〜**〉で表します。

> ちなみに 自動詞を名詞化する場合は、意味上の主語は名詞化された語の後ろに〈**of 〜**〉で表します。たとえば、**the dependence of thought on words** は、名詞の **dependence** を「依存」と読まずに、**of thought** を意味上の主語として、**thought depends on words** ととらえて「思考が言葉に依存している（思考は言葉によって行われる）こと」とするとよいでしょう。

◎ **reveals** の後には接続詞の **that** が省略されています。

◎ **the number of COVID-19 cases has increased** の **the number of** は「〜の数」という意味で、3 人称単数扱いになります。**a number of 〜**「たくさんの〜」（3 人称複数扱い）と間違えないようにしましょう。

◎ **by at least 10% from the previous week in 21 U.S. states** の **by** は、「〜の分だけ」という〈差〉を表しています。全体では、「米国の 21 の州で前週から感染者数が少なくとも 10％増加している」という意味になります。

> 訳 CNN のホプキンス大学のデータの調査は、米国の 21 の州で COVID-19 の感染者数が前週から少なくとも 10％増加していることを明らかにしている。

36

さまざまな意味を持つ接続詞

①In the dark the old man could feel the morning coming and **as** he rowed he heard the trembling sound **as** flying fish left the water and the hissing that their stiff set wings made **as** they soared away in the darkness. ②He was very fond of flying fish as they were his principal friends on the ocean.

*tremble：震える　　hissing：シューッという音　　stiff：ピンと張った　　soar away：空高く飛ぶ

文脈 『老人と海』（→ p.180）の一節です。老人は、朝日が昇る前にひとり大海に漕ぎ出しました。仲間の漁師たちの姿は見えず、舟を漕ぐオールの音しか耳に入ってきません。そんな中、老人が舟を漕ぎながら朝の訪れを感じているという場面です。

 下線部の 3 つの as の品詞と意味は何でしょうか？

A-Z **英文法が語ること**　　**さまざまな意味を持つ接続詞**

　前置詞と同じく、接続詞にもさまざまな意味を持つものがあります。例として、as について見ていきましょう。

as は〈同時性〉を表す

　接続詞の as の基本的な意味は〈同時性〉です。主節と as に導かれる従属節の出来事が、ほぼ同じタイミングで生じていることを表します。as が表す意味を、例文をもとに確認していきましょう。

① 時「〜しながら」

主節の動作と従属節の動作が同時に生じていることを表します。

I saw Professor Brown **as** I was walking down the street.

（道を歩いている時にブラウン教授を見かけました）

② 比例「〜につれて」

　この意味では、〈変化〉や〈増加・減少〉の意味を含む語句が as 節内に使われることがよくあります。また、比較級を伴うとこの意味になることが多くあります。次の例文は、The older we grow, the more forgetful we become. と書き換えることもできます。

As we grow older, we become more forgetful.

（年を取るにつれて、私たちは忘れっぽくなっていくものです）

③ 様態「〜のように」

I did **as** I was told in the guidance session.　　（ガイダンスで言われたとおりにやりました）

④ 理由「〜なので」

As it was getting dark, we turned back. （暗くなってきたので、私たちは引き返した）

主節と as 節を入れ替えて We turned back **as** it was getting dark. とすると、「暗くなりかけている時に、私たちは引き返した」という〈同時性〉の意味で解釈できるため、〈理由〉であることを明確にする場合は、as 節の前にコンマを入れて We turned back, **as** it was getting dark. のように表します。

⑤ 譲歩「〜であるが、〜けれども」

この場合は、〈形容詞／副詞＋ as ＋主語＋動詞〉の語順で表します。

Tired **as** I was, I walked to the station from the campus.
（私は疲れていたけれども、大学から駅まで歩いた）

この譲歩の as は、Being as tired as I was, I walked ... という分詞構文の Being as の部分が省略されたことで生まれた用法と考えられています。アメリカ英語では、As tired as I was のように形容詞・副詞の前に as を置くことがあります。

 英文法で迫る

下線部の 3 つの as は、いずれも後に S＋V が続いていることから、前置詞ではなく接続詞だとわかります。それぞれどのような意味を表しているのか確認しておきましょう。

as he rowed の as は、as 節の動詞 (rowed) と主節の動詞 (heard) によって描写されていることがらを考えてみると、〈時〉を表していることがわかります。また、as flying fish left the water の as と as they soared away の as も〈時〉を表しており、それぞれ the trembling sound と the hissing がどんな時に聞こえたかを説明しています。つまり、「舟を漕ぎながら、トビウオが水面から飛び跳ねた時にたてる音や、暗闇の中で空中に飛び上がる時にピンと伸びた翼が作り出すシューッという音を耳にした」という、舟を漕いでいる時に老人が何を感じたかを説明する文になっているのです。

日本語訳

暗がりの中で、老人は朝の訪れを感じてきた。そして、舟を漕ぎながら、トビウオが水を離れる時のブルンという音や、暗闇の中で空中に飛び上がる時にピンと伸びた翼が作り出す風を切る音を耳にしたのである。彼はトビウオがとても好きだった、というのも、トビウオは海の上では彼の一番の仲間だったからである。

① In the dark the old man could feel the morning coming and as he rowed he heard the trembling sound as flying fish left the water and the hissing that their stiff set wings made as they soared away in the darkness.

◎ In the dark の dark は名詞です。定冠詞を伴い the dark で「やみ、暗がり」という意味になります。また、after dark（暗くなってから）のように、無冠詞で「夜、日暮れ」を表すこともあります。

◎ the old man could feel the morning coming は、〈feel O C〉（O が C であることを感じる）の C の部分が現在分詞になっています。「朝の訪れを感じてきた」ということです。ここでの could は「できた」ではなく feel という知覚の継続を表します。

（ちなみに）「O が〜するのを感じる」を表すときは〈feel O do〉となりますが、「O が〜しているのを感じる」を表すときは〈(can) feel O doing〉となります。このときの doing は、その行為・動作が進行中、あるいは状態が継続中であることを表します。

◎ as he rowed he heard the trembling sound の as は接続詞で、〈同時性〉を表します。

◎ as flying fish left the water の as も〈同時性〉を表す接続詞です。全体では、「舟を漕ぎながら、トビウオが水面から飛び跳ねた時にたてるブルンという音を耳にした」という意味になります。

◎ and the hissing の and は、前の the trembling sound と the hissing を結んでいます。

◎ the hissing that their stiff set wings made の that は関係代名詞で、that their stiff set wings made が the hissing を後ろから説明しています。their stiff set wings の their は flying fish を指します。stiff は「ピンと張った」という意味の形容詞、set は「位置が固定されている」という意味の過去分詞で、形容詞的なはたらきをしています。つまり、stiff と set がそれぞれ wings を修飾して「ピンと張って微動だにしない翼」という意味になります。

◎ as they soared away in the darkness の as も〈同時性〉を表す接続詞で、「暗闇の中で空中に飛び上がる時に」たてる音を聞いたということを表しています。

> 訳 暗がりの中で、老人は朝の訪れを感じてきた。そして、彼は舟を漕ぎながら、トビウオが水を離れる時のブルンという音や、暗闇の中で空中に飛び上がる時にピンと伸びた翼が作り出す風を切る音を耳にしたのである。

```
<In the dark> the old man could feel the morning coming
   and
<as he rowed> he heard ┌ the trembling sound <as flying fish left the water>
                       │   and
                       └ the hissing (that their stiff set wings made
                                      ↑
                         <as they soared away <in the darkness>>).
```

② He was very fond of flying fish as they were his principal friends on the ocean.

◎ He was very fond of flying fish の be fond of ～は、「～が大好きである」という意味
の表現です。like よりくだけた表現で、強意的な意味を持ちます。

◎ as they were his principal friends on the ocean の as について考えてみましょう。文
中に感情・心情表現が用いられると、たいていはその前後で〈理由〉が説明されま
す。ここでも、主節が「トビウオのことが大好きだった」という心情表現になっているの
で、その理由が説明されると予測しながら読むと、予想通り、as 節で「なぜトビウオが
好きだったのか」という理由が示されているとわかります。第1文の as と表す意味が
異なることに注意しましょう。

訳 彼はトビウオがとても好きだった、というのも、彼らは海の上では彼の一番の仲間だったから
である。

```
He was very fond of flying fish <as they were his principal friends <on the
ocean>>.
```

前置詞の使い分け

①As we strolled along the gravel-walk, my attention was attracted by one of the graves standing apart from the rest. ②<u>The cross **at** the head of it differed remarkably, in some points of appearance, from the crosses **on** the other graves.</u> ③While all the rest had garlands hung on them, this one cross was quite bare; and, more extraordinary still, no name was inscribed on it.

* gravel：砂利　　garland：花輪　　inscribe：〜を刻む

文脈 英国の小説家、ウィルキー・コリンズ（Wilkie Collins）の『家庭の秘密』（*The Family Secret*）の一節です。姉が亡くなった日、医師である最愛の叔父が失踪しました。「わたし」は父母の住む実家に戻り、叔父の行方を尋ねるも、誰も答えてくれないばかりか、口にすることも禁じられます。やがて両親が他界すると、「わたし」は体調を崩し、医師のすすめで英国を離れ、南仏の温泉保養地に向かいます。その途中で小さな町の様子に心奪われ、一泊することにしました。この文は、町の教会を訪れた時に、牧師と出会い、彼といっしょに教会の墓地を歩く場面です。

❓ 下線部で at と on が使われているのはなぜでしょうか？

 英文法が語ること　　**前置詞の使い分け**

　前置詞が表す主な意味に〈空間〉と〈時間〉があります。ここでは、〈空間〉〈時間〉を表す at、on、in について、どのように使い分けるかを確認しておきましょう。

▌〈空間〉を表す at、in、on

① **at**：1つの〈地点〉を指します。ピンポイントで〈地点〉を指し示すことから、(2)(3) のように視線の先にある〈対象物〉や〈目標〉へと意味が拡張されます。

(1) We are arriving **at** the station. 　（私たちはそろそろ駅に到着します）
(2) Look **at** this book. 　（この本を見てください）
(3) The horse kicked **at** me. 　（馬は私をめがけてけろうとした）

　(3) を The horse kicked me. とすると、「馬が私をけった」という意味になり、「私」は馬にけられたことになります。前置詞の有無で意味が変わることに注意しましょう。

② **in**：広がりのある空間の〈内部〉に存在していることを表します。空間の「内側」を表すことから、(2)(3) のように〈状態〉や〈領域・方角〉という内側に広がっていることを表す意味へと拡張されます。

(1) They are **in** Hong Kong now. （彼らは今、香港にいます）

(2) She is **in** good health. （彼女の健康状態はよい）

(3) The wind is **in** the south. （風が南から吹いている）

③ **on**：あるものが面や線上に〈接触〉していることを表します。何かが何かに〈接触〉しているというイメージから、(2)(3) のように〈依存〉〈関連〉という意味に拡張します。

(1) Look at the picture **on** the wall. （壁に掛けられている絵を見てください）

(2) Do not depend **on** me. （私を頼らないで）

(3) This is a book **on** linguistics. （これは言語学に関する本です）

┃〈時間〉を表す at、in、on

① **at**：1つの〈時点〉〈特定の時間〉を指します。

(1) I have an appointment with the dentist **at** 5:30 p.m.

　　（私は午後 5 時 30 分に歯医者さんに予約があります）

(2) He died **at** 90. （彼は 90 歳で亡くなった）

② **in**：ある時間の「中に」という意味から、〈ある時点からの一定期間（が経過すると）〉という時間の幅を表します。

(1) My son was born **in** 2014. （私の息子は 2014 年に生まれた）

(2) He will be back **in** a week. （彼は 1 週間後に戻ってきます）

in a week は「今から 1 週間したら」という意味で使います。「1 週間以内に」は within a week となることに注意しましょう。

（ちなみに） at night, in the morning, in the afternoon と「夜」だけ前置詞が at になります。これは、at は「点」を表し、in が「時間の幅」を表していることと大いに関係があります。夜は「寝て起きたら朝になる」ということで「幅」を感じることができません。ですので「点」でとらえ at が使われます。一方、午前中や午後というのは、人々が活動する時間の幅が感じられますので、in が使われるのです。

③ **on**：〈接触〉という意味から、特定の曜日、日付という〈期間〉に接触していると考えておきます。つまり、at は〈時点〉、in は〈ある一定期間〉、on は〈特定の期間、曜日〉を表します。

They go to church **on** Sundays. （彼らは毎週日曜日に教会に行きます）

The cross at the head of it と the crosses on the other graves の違いについて考えてみましょう。どちらも「墓の上部には十字架がある」ことを表していますが、The cross at the head of it で at が使われているのは、墓石の「上部」という小さな1点に十字架があることを表しているからです。墓石の上部を「ピンポイント」で指しているイメージですね。一方、the crosses on the other graves では、「残りの墓石に付いていた十字架」というように「明確な場所」や「ピンポイント」ではなく、単に「接触」を表しているので、on が使われているのです。

> 日本語訳
>
> 私たちが砂利道を歩いていると、他の墓から離れているところにたたずんでいる、ひとつの墓に惹きつけられた。そのお墓の上部にある十字架は、他のお墓の十字架とは見た目の点で大きく異なっていた。すべての他の墓の十字架には花輪がかけられていたが、この十字架は何もまとっていなかった。さらに驚くべきことは、墓石には名前も刻まれていなかった。

 英文を読み解く

---

① As we strolled along the gravel-walk, my attention was attracted by one of the graves standing apart from the rest.

- ◉ As we strolled along the gravel-walk の as は接続詞で、「～しながら」「～している時に」という主節の動作との〈同時性〉を表しています。ここでは、「砂利道を歩いている時に」ととらえておきます。stroll along ～は「～を散策する、ぶらぶら歩く」という意味です。

- ◉ my attention was attracted by one of the graves standing apart from the rest の attract は「～を引き寄せる」という意味の他動詞です。ここでは受動態になっており、「～によって私の関心が引き寄せられた」という意味になります。

- ◉ one of the graves standing apart from the rest の standing は現在分詞で、the graves を修飾しています。apart from ～は「～から離れて」という群前置詞です。群前置詞とは、2つ以上の語がくっついて1つの前置詞のようにはたらくものです。

> 訳 私たちが砂利道を歩いていると、私の関心は、他の墓から離れているところにたたずんでいる、ひとつの墓に引き寄せられた。

② The cross at the head of it differed remarkably, in some points of appearance, from the crosses on the other graves.

💠 The cross at the head of it が文の主語です。it は私の関心を引き寄せた1つの墓石のことを指します。

> (ちなみに) 海外のお墓は日本のお墓と違い、一般に平たい石板が置かれ、その上部の中央に十字架があります。

💠 動詞 differ は後ろに前置詞の in や from を取ります。differ from ～は「～と異なる、違う」、differ in ～は「～という点で異なる」という意味です。

💠 in some points of appearance と from the crosses on the other graves は、それぞれ前の differ とつながっていて、differ in ～と differ from ～という形になっています。

> 訳 そのお墓の上部にある十字架は、見た目のいくつかの点で、他のお墓の十字架とは大きく異なっていた。

③ While all the rest had garlands hung on them, this one cross was quite bare; and, more extraordinary still, no name was inscribed on it.

💠 While all the rest had garlands の While は接続詞で、「～であるが」「～の一方で」という〈譲歩〉や〈対照〉を表します。ここでは、「残り全部の墓石」と「私が気になった1つの墓石」が対照的に描写されています。

💠 hung on them の hung は過去分詞です。〈have + O +過去分詞〉の形で「O が～される」という意味になります。つまり、「残りの墓は花飾りがかけられていた」となります。

💠 this one cross の one は、cross を修飾する形容詞です。「このひとつの十字架は」という意味になります。

💠 quite bare の bare は「裸の」という意味の形容詞ですが、副詞の quite を「かなりの」と考えると、「かなり裸の」となり、意味が通りません。ここでは、quite が completely と同じような意味を表していると考え、「まったく飾りのない」ととらえておきましょう。

💠 more extraordinary still の still は、比較級を強めるために使われる副詞で、「なおいっそう」「さらに」という意味になります。

💠 no name was inscribed on it の inscribe は「～を書く、記す、刻む」という意味の他動詞で、ここでは inscribe の目的語の no name を主語にした受動態になっています。

> 訳 他のすべての墓の十字架には花輪がかけられていたが、この十字架は何もまとっていなかった。さらに驚くべきことは、墓石には名前も刻まれていなかった。

38

注意すべき接続詞

①When returning an item, you can choose your preferred refund method in the Returns Center.

②If you're receiving a refund after we have received your item, it may take an additional three to five business days to process your return fully and issue your refund.

③**Once** we issue your refund, it may take additional time for your funds to be made available in your account by your financial institution.

文脈 米国の通販サイト Amazon.com の返品ポリシーからの引用です。

 下線部はどのような意味を表しているでしょうか?

 英文法が語ること　**注意すべき接続詞**

ここでは、使い分けなどに注意が必要な接続詞について見ていきましょう。

when と while の違い

when (〜する時) は、ある行為が行われる〈時点〉を表します。

When I speak English, I try to avoid using ambiguous words.
(私が英語を話す時には、あいまいな語を用いないようにしています)

この文は、次のように接続詞付きの分詞構文で表現することもできます。

When speaking English, I try to avoid using ambiguous words.

while (〜する間) は、あるひとつの行為と同時に別の行為が進行している状況を表します。while の節内の動詞は、進行形もしくは状態動詞であることがほとんどです。

While I was watching TV, I fell asleep.　(私はテレビを見ている間に寝てしまった)

この文は、when と同じように接続詞付きの分詞構文で表現することもできます。

While watching TV, I fell asleep.

because、since、as の違い

because は、聞き手が知らない・気づいていない (と話し手が思っている) 情報として、原因・理由を明確に述べる時に用いられます。

He had an accident **because** he was driving too fast.
(彼が事故を起こしたのは、スピードを出しすぎていたからである)

asとsinceはほとんど同じ意味で、話し手と聞き手が互いにわかっている（と話し手が思っている）情報として、原因・理由を述べる時に用いられます。

Since〔**As**〕it was raining, the game was canceled.

（雨が降っていたので、試合は中止になりました）

さらに　becauseが〈否定〉とセットで使われている場合に注意しましょう。

My father **didn't** come home **because** it was raining.

この文は、「雨だからといって帰ってきたのではない（ほかに理由があった）」という意味と、「雨が降っていたので、私の父は帰ってこなかった」という意味の2つの解釈ができます。どちらの意味なのかは、最終的には文脈による判断となってしまいます。書き言葉であればbecauseの前にコンマを、話し言葉であれば一時休止を入れて、あいまいさを回避することができます。

My father **didn't** come home, **because** it was raining.

そうすると、「私の父は帰ってきませんでした。なぜなら雨が降っていたからです」となります。notとbecauseがセットで使われている時は、文脈から意味内容を正しく読み取るようにしましょう。

接続詞の once

onceは「かつて」「一度」「いったん、一度でも、仮にも」などの意味を表す副詞です。

I **once** lived in Hokkaido.　［once + 過去形］

（私はかつて北海道に住んでいました）

I've visited Rome **once**.　［have + 過去分詞形〜 once］

（一度、ローマを訪れたことがあります）

If **once** you break the seal, you can't return the book.　［If〔when〕once + S + V］

（いったん封を切ると、その本は返品することはできません）

onceは、「いったん〜すると、〜するとすぐに」という意味の接続詞として使われることがあります。〈if once〉のifが省略されたものですが、〈once + S + V〉になっていることから、接続詞として認識されるようになりました。

Once you break the seal, you can't return the book.

（いったん封を切ると、その本は返品することはできません）

英文法で迫る

　下線部の Once は、後ろに we（主語）issue（動詞）your refund（目的語）という文が続いていることから、「いったん〜すると、〜するとすぐに」という意味の接続詞だということがわかります。後に続く it may take additional time という主節に対して、「いったん返金を実行すると」という条件を表す従属節になっています。

> 日本語訳
> 商品を返品する際には、返品センターでご希望の返金方法をお選びいただけます。
> 当社でお客様の商品を受け取った後に返金をお受けになる場合、返品を完全に処理して返金を行うのに、さらに 3 〜 5 営業日かかることがあります。
> 当社が返金手続きを行うと、金融機関によってそのお金がお客様の口座で使えるようになるのにさらに時間がかかる場合があります。

英文を読み解く

① When returning an item, you can choose your preferred refund method in the Returns Center.

◎ When returning an item は、接続詞付きの分詞構文になっています。When you return an item と言い換えることができ、「商品を返品する際に」という意味になります。

◎ you can choose の can は、〈能力〉ではなく〈可能〉を表します。〈可能〉を表す can の例としては、You can get everything in this shop.（この店では何でも買えます〔品揃えが豊富です〕）のような文があります。

◎ preferred refund method の preferred は「好きな」という形容詞で、refund method を修飾しています。

> 訳 商品を返品する時には、返品センターで希望の返金方法を選べます。

② If you're receiving a refund after we have received your item, it may take an additional three to five business days to process your return fully and issue your refund.

◎ If you're receiving a refund は、本来は If you will be receiving となるところですが、接続詞の if が条件を表す副詞節を導くため、will を使わずに現在形で表されていま

す。〈will be *doing*〉は〈確定的な未来の予定〉を表します。つまり、「品物を受け取り次第、確実に返金がなされることになる」という意味を表しているのです。

🔘 it may take an additional three to five business days の it は形式主語で、真主語は days の後の to process your return fully and issue your refund です。助動詞 may は「～かもしれない」という〈可能性〉の意味を表します。〈It takes +時間+ to *do*〉「～するのに〈時間〉がかかる」という構文になっていることにも注意しましょう。

🔘 接続詞の and は process your return fully と issue your refund を結んでいます。

> 訳　私たちがあなたの商品を受け取った後に返金を受ける場合、返品を完全に処理して返金を行うのに、さらに3～5営業日かかることがあります。

<If you 're receiving a refund <after we have received your item>>,
it may take an additional three to five business days [to ⌈process your
return fully
and
issue your refund⌋].

③ Once we issue your refund, it may take additional time for your funds to be made available in your account by your financial institution.

🔘 Once we issue your refund の once は、〈時〉を表す従属接続詞です。したがって、節内の動詞が未来のことを表す場合は現在形を用います。will issue のように助動詞の will を使わないことに注意しましょう。

🔘 it may take additional time は、第2文と同じく〈It takes +時間+ to *do*〉「～するのに〈時間〉がかかる」という構文になっています。it は形式主語で、真主語は to be made available in your account by your financial institution です。

🔘 for your funds が不定詞の意味上の主語になっていることに注目しましょう。to be made available in your account by your financial institution は、to make your funds available in your account の your funds を主語にした受動態の形になっています。

> 訳　私たちが返金手続きを行うと、金融機関によってそのお金があなたの口座で使えるようになるのにさらに時間がかかる場合があります。

39

接続詞を用いた表現

①What is "world heritage"? ②The answer seems to be simple: something natural or man-made which is so valuable that <u>it is not important to just one country or one region</u> **but** to the whole world.

（中央大学）

 下線部はどのような意味を表しているでしょうか？

A-Z | **英文法が語ること** 接続詞を用いた表現

　接続詞には、34で学んだ相関接続詞（→ p.157）のように、特定の語句とセットで使われるものがあります。このような表現を知っておくと、次にどのような内容が続くかを予測するのに役立ちます。ここでは、接続詞を用いた表現をいくつか見ていきましょう。

so ＋形容詞／副詞＋ that S ＋ V ～

　〈so ＋形容詞／副詞〉が出てきたら、後ろに〈that S ＋ V ～〉が出てくることを予測しましょう。〈so ＋形容詞／副詞＋ that S ＋ V ～〉は、便宜的に「とても〈形容詞／副詞〉なのでSがVである」と訳すことがありますが、構造をくわしく見ておきましょう。この so は「それほど、そんなに」という〈程度〉を表し、後ろの形容詞もしくは副詞を修飾します。そして、that 以下で「どの程度なのか」ということが説明されていきます。以下の例で見ていきましょう。

Ken was **so** angry **that** he threw his smartphone at me.

　この文は、「ケンはそれほど怒った」→「どれほど怒ったのか?」→「彼のスマホを私に投げつけるほど」という流れになっており、全体では「ケンは自分のスマホを私に投げつけたほど怒っていた」という意味になります。もちろん「ケンはとても怒っていたので私にスマホを投げつけた」としてもかまいません。

not A but B

　〈not A but B〉は「A でなくて B」という意味を表す表現です。そんなに難しい表現ではないので、文中に出てきてもすぐに構造を見抜けると思いますが、注意が必要な場合もあります。以下の例文を見てみましょう。この文の構造はすぐに見抜けますね。

(1) Ken loves Kate **not** because she is rich **but** because she is cheerful.
　　（ケンがケイトのことを好きなのは、彼女がお金持ちだからではなく、彼女が明るい性格だからだ）

それでは、次の例文はどうでしょうか。

(2) Ken does **not** love Kate because she is rich **but** because she is cheerful.

〈not A but B〉の A と B には同じ要素（句と句、節と節）が入りますが、ここではそのようになっていません。左から素直に読んでいくと、「ケンはケイトのことを愛していない、なぜなら彼女は金持ちで、しかし彼女は明るい性格だから」となり、意味がおかしいことに気づきます。このように、〈not A but B〉の not が動詞を否定する位置（動詞の前、be 動詞の後ろ）に置かれることがあるので注意しましょう。そんな時は「順序が変わっているかもしれない」と思い、同じ要素（句と句、節と節）のペアを見つけるようにしましょう。この例文は、(1) と同じ意味になります。

B, (and) not A

〈not A but B〉の B の部分を前に出して、〈B, (and) not A〉という形になることがあります。〈B, (and) not A〉は、〈not A but B〉とほとんど同じ意味を表します。

He is a scholar**, (and) not** a teacher.　（彼は教師ではなく学者だ）

この文は、He is not a teacher but a scholar. と言い換えることができます。

 英文法で迫る

下線部を it is not important to と読んだところで、〈it is ＋形容詞＋ to *do*〉という構文ではないかと思うかもしれません。しかし、to just one country or one region と to 不定詞になっていないので、読みの修正をしましょう。

but to the whole world まで読んだところで、「それとは、まさに1つの国や地域にとって重要ではなく、しかし世界中にとってである」とすると、意味が通りませんね。そこで、not A but B の not が動詞を否定する位置に移動していると考え、but to the whole world を頼りに同じ要素を探してみます。すると、to just one country or one region があることに気づきます。つまり、下線部は it is important **not** to just one country or one region **but** to the whole world の not が動詞の前に出た形だったのだとわかります。

さらに、just を考慮に入れ、〈not just A but B〉「A のみならず B も」という形から意味を考えます。そうすると、「世界遺産とは、1つの国や地域のみならず、全世界にとって重要だ」という意味になるのです。

日本語訳
「世界遺産」とは何か。答えは簡単なように思える。それは、1つの国や1つの地域のみならず、全世界にとって重要となるほど貴重な天然あるいは人工のものである。

① What is "world heritage"?

◉ 引用符(" ")を会話文ではないところで使っている点に注意しましょう。"world heritage"と引用符で囲んで表記しているのは、「いわゆる」というニュアンスを出すためです。

「世界遺産」とは何か。

② The answer seems to be simple: something natural or man-made which is so valuable that it is not important to just one country or one region but to the whole world.

◉ The answer seems to be simple は、〈S seem (to +人) to be C〉「S が (人に) C のように見える〔思える〕」という形になっています。〈S seem (to +人) to be C〉の to be は省略されて〈S seem C〉と表されることもあります。

◉ simple の後のコロン(：)は、前に述べたことについて、具体的に説明したり、細かい情報を提示したりするために用いられます。ここでは、世界遺産の定義は「簡単であるように思える」と述べたことについて、その具体的な説明が続くと予測して読み進めましょう。

◉ something natural or man-made の natural と man-made は形容詞です。something が形容詞によって修飾される場合は、something red (何か赤いもの) のように形容詞が後ろに来ることに注意しましょう。

◉ which は主格の関係代名詞で、which 以下が先行詞の something natural or man-made を説明しています。

◉ so valuable と〈so +形容詞〉になっているので、後ろに〈that S + V ～〉が出てきて、「どれほど貴重であるか」についての説明があると予測して読んでいきます。すると、that it is ... が出てきて、予測が正しかったとわかります。

◉ it is not important to ... の it は、前に出てきた something natural or man-made を指しています。to は前置詞です。〈it is +形容詞+ to do〉と混同しないように注意しましょう。

◉ to just one country or one region と to the whole world は but で結ばれていて、〈not A but B〉の形になっています。not が動詞を否定する位置に置かれていることに注意しましょう。ここでは、A の前に just が付いた〈not just A but B〉「A のみならず B も」という形になっており、全体では「1 つの国や地域のみならず、全世界にとって重要だ」という意味になります。

訳 答えは簡単なように思える。それは、1つの国や1つの地域のみならず、全世界にとって重要となるほど貴重な天然あるいは人工のものである。

The answer seems to be simple:

something natural or man-made
 (which is **so** valuable ‹**that** it is **not** important ‹to just one country or
                                                                one region›

                                    but   ‹to the whole world››).

📖 読書案内 『老人と海』

『老人と海』(*The Old Man and the Sea*)(1952 年)は、アメリカ人のノーベル文学賞受賞作家、アーネスト・ヘミングウェイ（Ernest Hemingway, 1899-1961）の小説です。

◆

あらすじ

主人公はキューバの老漁師、サンティアゴ。84 日間という長期間、不漁が続いていました。85 日目に、サンティアゴは彼を敬愛する少年マノリンに見送られて漁に出ます。これまでマノリンは老人と一緒に漁に出ていましたが、サンティアゴが不漁続きであったことから、彼の両親は別の漁師と一緒に漁に出るように彼に命じたのです。

そして、老人はひとり沖合に漕ぎ出し小舟を浮かべながら、その時を待っていると、5 メートルを超える巨大なカジキマグロが餌に喰らいつきます。そこから三日三晩に渡ってカジキマグロとの戦いが始まるのです。体力の限界を迎えながらも、必死に戦います。小舟を引っぱり、必死に逃げようとするカジキマグロをなんとか仕留めようとします。ようやく、獲物を仕留めた時、そのカジキマグロの流す血の匂いを嗅ぎつけたサメの集団が忍び寄ってきます。サメの襲来とともに、再びサンティアゴの闘いが幕を開けるのです。最終的にはカジキマグロは無残な姿になってしまいます。老人は骨だけになったカジキマグロを岸に上げ、疲労困憊で小屋に戻ってくるのです。

◆

ヘミングウェイは、サンティアゴと大魚たちの死闘を、静かながらも迫力がある筆致で描写しています。この描写に心打れる読者も多いことでしょう。それは、俯瞰的な描写と老人の心の中に入り込んだ描写が効果的に用いられているからです。

サメとの孤独な闘いで、老人の心にはさまざまな思いが去来し、時には弱音を、時には自らを鼓舞するかのごとく言葉を発します。そうした言葉に心を打れ、作品の中に入り込むことができ、読み終えた時の余韻に浸れるのです。

❝ *"But man is not made for defeat," he said. "A man can be destroyed but not defeated."*

（「しかし、人間は打ち負かされるようにはできていないのだ」と彼は言った。「人間はボロボロにされることがあるかもしれないが、打ち負かされることはありえない」）

第9章

関係詞で迫る

関係詞（関係代名詞・関係副詞）は名詞の後ろに
置き、文で修飾したり、補足説明をしたりするは
たらきをします。つまり、形容詞と同じように、
関係詞で始まる節に注目すると、それが説明して
いる名詞をより具体的にイメージすることができ
るのです。ここでは、関係詞について、同じ形を
持つ疑問詞とあわせて整理していきましょう。

関係詞のはたらき（1）

①When day broke he flew down to the river and had a bath.
②"What a remarkable phenomenon," said the Professor of Ornithology as he was passing over the bridge. ③"A swallow in winter!" ④And he wrote a long letter about it to the local newspaper. ⑤Every one quoted it, <u>it was full of **so** many words **that** they could not understand.</u>

* ornithology：鳥類学

文脈 『幸福な王子』（→ p.26）の一節です。王子に頼まれ、熱にうなされている男の子の家にルビーを届けに行ったツバメが、王子のところに戻った翌朝のことが書かれた場面です。渡り鳥であるツバメが、冬にこの地で飛んでいるのは珍しいことでした。

　下線部を太字の部分に注意して日本語にしてみましょう。

A-Z 英文法が語ること　**主格・目的格の関係代名詞**

│ 関係代名詞は名詞を後ろから説明する

　関係代名詞は、後に節を伴い、名詞（先行詞）を後ろから説明するはたらきをします。まずは英語と日本語で修飾構造が逆になることを確認しておきましょう。

英語　　the house that Jack built
　　　　　　　　　　　　　the house を後ろから説明（関係代名詞節）

日本語　ジャックが建てた 家
　　　　　　　　　　　　　　「家」を前から説明

　次に、「つみあげうた」として有名なマザーグースの一節を使って関係代名詞のはたらきを見ていきましょう。

This is the cow with the crumpled horn
That tossed the dog
That worried the cat
That killed the rat
That ate the malt
That lay in the house **that** Jack built.

　太字の that はすべて関係代名詞で、それぞれ直前の下線部の名詞を説明しています。This is the cow with the crumpled horn（これは曲がった角の牛です）から始まり、その「牛」がどのような牛であるかを関係代名詞 that で始まる節が説明しています。すると「犬

をほうり上げた牛」となり、さらにその「犬」がどんな犬であるかを関係代名詞のthatで始まる節が説明して…という具合に、延々と修飾語句をつけ足していくことができるのです。

　直後に動詞が続き、節中の主語のはたらきをする関係代名詞を〈主格〉の関係代名詞といいます。主格の関係代名詞にはwho、which、thatを使います。また、直後に〈主語＋動詞〉が続き、節中の目的語のはたらきをする関係代名詞を〈目的格〉の関係代名詞といいます。目的格の関係代名詞にはwhom〔who〕、which、thatを使います。マザーグースの一節では、the house that Jack built のthatが目的格の関係代名詞、残りはすべて主格の関係代名詞になっていることを確認しておきましょう。全体を訳すと次のようになります。ここからも、英語と日本語で修飾構造が逆になっていることがわかりますね。

> これはジャックが建てた家に
> 置いてあった麦芽を
> 食べたネズミを
> 殺したネコを
> くわえたイヌを
> ほうり上げた曲がった角の牛だ

 ## 英文法で迫る

　下線部は〈so ～ that ...〉という形になっているので、接続詞thatを用いた「あまりにも～なので…」という意味の表現に見えますが、それは違います。このthatは関係代名詞です。関係代名詞で始まる節は、「名詞が1つ足りない」状態になっています。下線部はthat they could not understand となっていて、他動詞のunderstandの後ろに目的語になる名詞がありません。そこで、その足りない名詞に当たるのが直前のso many wordsで、もとの形はthey could not understand so many wordsだったのだと判断できるのです。意味は「それ（＝教授の手紙）は彼らが理解できないたくさんの言葉で満ちていた」となります。

さらに　この場面は、季節外れのツバメを目撃した鳥類学の教授が、地元の新聞社に長い手紙を書いて送り、それを読んだ人たちが口々にその記事の言葉を引用したのはよいものの、それはちっともわからない言葉ばかりだった、という流れになっています。この「ちっともわからない言葉ばかりだった」という部分からは、鳥類学の教授が読み手のことを考えていないという〈皮肉〉が読み取れます。『幸福な王子』には、これ以外にも、美的センスのかけらもないのに美しさについて雄弁に語る市議会議員や、金持ちであることをひけらかすために着飾る女性が出てきます。作者のオスカー・ワイルドは、少しでも自分をよく見せたいという人間の欲求をこうした人物に映し出しているのです。

🖋 英文を読み解く

① When day broke he flew down to the river and had a bath.

◉ When 節内は、day が主語、broke が動詞になっています。「日」が「壊れる」では意味が通りませんね。これは「夜が明ける」という意味を表します。daybreak という名詞がありますが、dawn（夜明け）と同じ意味で使われます。

◉ have a bath は「入浴をする」という意味で、主にイギリス英語で使われる表現です。アメリカ英語では take a bath が一般的です。

訳 夜が明けると、ツバメは川へ飛んで行き、水浴びをしました。

② "What a remarkable phenomenon," said the Professor of Ornithology as he was passing over the bridge.

◉ What a remarkable phenomenon は感嘆文で、What a remarkable phenomenon it is! の it is が省略されています。

◉ "What a remarkable phenomenon," said the Professor of Ornithology は倒置された表現で、主語は the Professor of Ornithology、動詞は said、目的語は "What a remarkable phenomenon," です。小説では、しばしばこのように〈" 発言内容 ," said 発言者〉という語順で表されることがあります。Professor と Ornithology が大文字で始まっているのは、登場人物として固有名詞的に扱われているからだと考えられます。

◉ as he was passing over the bridge の as は接続詞です。36 で学んだように、接続詞の as には〈時〉〈比例〉〈様態〉〈理由〉〈譲歩〉など、多くの意味があるので、文脈に従い、整合性のある意味を考えます。ここでは、驚いて声に出したのは「橋を渡っている時」ですので、when に近い意味で用いられていることがわかります。

訳 「なんと注目すべき現象でしょう」と、橋を渡っていた鳥類学の教授が言いました。

第1章
第2章
第3章
第4章
第5章
第6章
第7章
第8章
第9章
第10章

③ "A swallow in winter!"

💠 名詞のカタマリだけの文にすることで、感嘆を表しています。「冬に、ツバメ (がいるなん
て)！」という感じですね。

訳 「冬にツバメがいるなんて！」

④ And he wrote a long letter about it to the local newspaper.

💠 write a letter to ～は「～に手紙を書く」という意味です。about it の it は「冬にツバメ
がいること」を受けています。

訳 そして、彼はこのことについて長い手紙を地元の新聞に書きました。

⑤ Every one quoted it, it was full of so many words that they could not understand.

💠 quoted it と it was full of ... の it は、どちらも「鳥類学の教授による新聞記事」を指し
ています。

💠 この文は Every one quoted it と it was full of ... の2つの文がコンマによって結び付
けられています。本来は接続詞が必要なところですが、小説などでは、あえて等位接
続詞を使わずにコンマで文をつなげることがあります。これは文法的には避けたほうが
よいとされますが、小説などでは多用される表現方法です。等位接続詞の and もしく
は but、or などを補って考えればよいのですが、文脈からは何を補えばよいかを特定
できない場合もあります。ここでは、「みんなが口々に新聞に書かれた言葉を引用しまし
た」でも「その新聞に書かれた言葉はわからない言葉だらけでした」という感じで、but
を補って考えておけばよいでしょう。

訳 誰もが教授の記事を引用しましたが、それは彼らには理解できない言葉だらけでした。

```
Every one quoted it,
   (but)
it was full of so many words (that they could not understand).
              ↑_____|
```

41

関係詞のはたらき（2）

①Christmas Day is celebrated as a major festival and public holiday in countries around the world, including many **whose** <u>populations are mostly non-Christian</u>. ②In some non-Christian areas, periods of former colonial rule introduced the celebration (e.g. Hong Kong); in others, Christian minorities or foreign cultural influences have led populations to observe the holiday. ③Countries such as Japan, where Christmas is popular despite there being only a small number of Christians, have adopted many of the secular aspects of Christmas, such as gift-giving, decorations, and Christmas trees.

* secular：宗教色のない、世俗的な

文脈 オンライン百科事典 Wikipedia の Christmas の記事からの引用です。

 下線部の関係代名詞節の先行詞は何でしょうか？

 英文法が語ること　**所有格の関係代名詞、関係副詞**

所有格の関係代名詞 whose

　関係代名詞には、**40** で触れた〈主格〉と〈目的格〉以外に〈所有格〉があります。関係代名詞の所有格は whose で表し、〈名詞 1 ＋ whose ＋名詞 2〉という構造になります。例文で確認してみましょう。

I am jealous of everything **whose** beauty does not die.
（私は死に絶えることのない美しさを持つものはいかなるものでもねたましく思う）

　I am jealous of everything だけだと「すべてのものをねたましく思う」となり、対象が広すぎて意味があいまいになってしまいます。そこで、「どんなのものをねたましく思うのか」を具体的に示すために、関係代名詞 whose が用いられているのです。

ちなみに　この例文は、オスカー・ワイルドの『ドリアン・グレイの肖像』（Oscar Wilde, *The Picture of Dorian Gray*）という作品に出てくる一文です。自分の肖像画を見た主人公のドリアンは、自分自身の美しさに気づきます。しかし、絵の美しさは永遠に残るのに、モデルとなっている自分が年老いていくことに我慢ができなくなってしまいます。そのため、肖像画に嫉妬心をいだき、自分の代わりに絵が年を取ることを願うのです。

関係副詞と関係代名詞

　関係副詞は、関係代名詞と同じく、後に節を伴い、名詞を後ろから説明するはたらきを

します。たとえば、関係副詞の where は、先行詞が〈場所〉の時に用いて、後に〈主語＋動詞〉を伴って「S が V する〈場所〉」という意味を表します。

　関係副詞は、その名のとおり節中で副詞のはたらきをします。したがって、関係代名詞とは違い、関係副詞の後には〈完全な文〉が続き、足りない名詞はありません。たとえば、先行詞が〈場所〉になっていても、先行詞が関係詞節の主語や目的語になる場合は、which や that が使われます。例文で確認しましょう。

(1) I want to live in <u>a place</u> **where** there is a lot of nature.
（私は自然が豊富にある場所に住みたい）

(2) I want to live in <u>a place</u> **which** is surrounded by nature.
（私は自然に囲まれた場所に住みたい）

　どちらの文も a place という〈場所〉を先行詞にしていますが、(1) は後に完全な文が続いているため、関係副詞の where が使われています。一方、(2) は関係詞が節中の主語になっており、節の中が完全な文になっていないため、関係代名詞の which が使われています。

 ## 英文法で迫る

　関係代名詞の whose の前には先行詞である名詞が来なければなりませんが、下線部の前には many しかありません。many はふつう many students（多くの生徒）のような形で形容詞として用いますが、原則として形容詞は先行詞にはなりません。そこで、many が名詞として使われていると考えます。many には代名詞の用法があり、「多数の人々〔もの、こと〕」「（先行文脈で提示された人・もののうちの）多数」という意味を表します。ここでは、先行文脈にある複数形の名詞の countries を受けて、その国々のうちの「多く」（≒ many of them）という意味で使われており、many が whose の先行詞になっているのです。

<u>日本語訳</u>

クリスマスは、国民のほとんどがキリスト教を信仰していない多くの国も含め、世界各国で主要なお祭りや祝日として祝われています。キリスト教を信仰していない地域の中には、かつての植民地支配の時代にクリスマスが導入されたところもあれば（香港など）、少数派のキリスト教徒や外国文化の影響を受けた人々がクリスマスを祝うようになったところもあります。日本のように、キリスト教徒が少ないにもかかわらずクリスマスが盛んな国では、プレゼントを贈ったり、飾り付けをしたり、クリスマスツリーを飾ったりするなど、クリスマスの世俗的な側面を多く取り入れています。

① Christmas Day is celebrated as a major festival and public holiday in countries around the world, including many whose populations are mostly non-Christian.

💠 Christmas Day が主語、is celebrated が動詞の受動態の文になっています。as a major festival and public holiday の **as は前置詞**で、「〜として」という意味で使われています。

💠 including many whose populations are mostly non-Christian の including は「〜を含めて」という意味の**前置詞**です。

訳 クリスマスは、国民のほとんどがキリスト教を信仰していない多くの国も含め、世界各国で主要なお祭りや祝日として祝われています。

② In some non-Christian areas, periods of former colonial rule introduced the celebration (e.g. Hong Kong); in others, Christian minorities or foreign cultural influences have led populations to observe the holiday.

💠 文頭の In some non-Christian areas（キリスト教を信仰していない地域では）という副詞句は、これから論じる内容への導入になっています。直前に「国民のほとんどがキリスト教を信仰していない多くの国」が出てきましたが、「多くの国」という漠然とした国の数から、some non-Christian areas と数を限定して議論を展開させます。**some が出てきたら、後半に others が出てくることを予測しながら読む**ようにしましょう。

💠 periods of former colonial rule は「かつての植民地支配の時代」という意味で、動詞 introduced の主語になっています。the celebration は「クリスマス」を指しています。

💠 in others は、文頭の In some non-Christian areas を受けた表現です。**some と others の対比**を意識しながら読み進めましょう。

💠 in others の後は、Christian minorities or foreign cultural influences（少数派のキリスト教徒や外国文化の影響）が主語、have led が動詞です。

💠 have led populations to observe ... は、「人に〜させる」「人に〜するよう仕向ける」という意味の〈lead 人 to *do*〉という形になっています。population は「人口」の意味のほかに「人々」という意味があり、ここではその意味で使われています。**集合全体を表す場合は単数形、構成要素を意識した場合は複数形にする**ことに注意しましょう。

💠 observe the holiday の observe には「〜を観察する」「〜に気づく」「〜を述べる」「〜を遵守する」などの意味がありますが、ここでは「〜を（祝日などを慣習に従って）祝う」という意味で用いられています。the holiday は「クリスマス」を指しています。

> **訳** キリスト教を信仰していない地域の中には、かつての植民地支配の時代にクリスマスが導入されたところもあれば（香港など）、少数派のキリスト教徒や外国文化の影響で人々がクリスマスを祝うようになったところもあります。

⟨In **some** non-Christian areas⟩,

　　│periods of former colonial rule│ introduced the celebration (e.g. Hong
　　　　　　　　　　　　　　　　　　　　　　　　　　　　　　　　　　　Kong);

⟨in **others** (= other non-Christian areas)⟩,

　　│Christian minorities or foreign cultural influences│ have led populations
　　　　⟨to observe the holiday⟩.

③ Countries such as Japan, where Christmas is popular despite there being only a small number of Christians, have adopted many of the secular aspects of Christmas, such as gift-giving, decorations, and Christmas trees.

💠 Countries such as Japan, where ... と読んだところで、主語の Countries に対する動詞は、〈コンマ＋ where〉の挿入部分が終わったところで出てくるだろうと思いながら読み進めていきます。固有名詞を関係副詞で補足的に説明する時は、ほとんどの場合、関係副詞の前にコンマが置かれます（非制限用法；→ 42 ）。

💠 despite は前置詞なので、後ろには名詞相当語句が来ます。ここでは there being が来ていますが、これは there is〔are〕が動名詞になったものです。形式的な主語の there を残し、be 動詞を動名詞にすることで「～がいること」という意味を表しています。

💠 コンマの後の have adopted が文頭の名詞 Countries を受けた動詞になります。many of the secular aspects of Christmas が目的語で、such as 以下にその具体例が示されています。

> **訳** 日本のように、キリスト教徒が少ないにもかかわらずクリスマスが盛んな国では、プレゼントを贈ったり、飾り付けをしたり、クリスマスツリーを飾ったりするなど、クリスマスの世俗的な側面を多く取り入れています。

│Countries│ (such as │Japan│), (where │Christmas│ is popular ⟨despite there being only
　　　　　　　　　　　　　　　　　　　　　　　　　a small number of Christians⟩),
　　have adopted many of the secular aspects of Christmas,
　　　　　　　　　　　　　　　　　　　　(such as ┌ gift-giving,
　　　　　　　　　　　　　　　　　　　　　　　　　decorations,
　　　　　　　　　　　　　　　　　　　　　　　　　and
　　　　　　　　　　　　　　　　　　　　　　　└ Christmas trees).

42

関係詞のはたらき（3）

①Some of the most important linguistic changes affecting English since the 1960s have arisen from the way society has come to look differently at the practices and consequences of sexism. ②<u>There is now a widespread awareness, **which** was lacking in the early 20th century, of the way in which language implies social attitudes towards men and women.</u>（福島大学）

 下線部で which の前にコンマが置かれているのはなぜでしょうか？

 英文法が語ること　　**関係詞の非制限用法**

関係詞の制限用法と非制限用法の違い

次の２つの文の意味の違いを考えてみましょう。

(1) She has two sons **who** are studying medicine.
(2) She has two sons, **who** are studying medicine.

(1) のように先行詞の後に関係詞節が直接続く用法を制限用法〔限定用法〕といいます。制限用法の文では、who are studying medicine という関係詞節は「どのような two sons なのか」と先行詞を具体的に限定する役割を果たしています。全体では「彼女には医学を学んでいる２人の息子がいます」という意味になりますが、「医学を学んでいる２人の息子以外にも、息子がいるかもしれない」という可能性が生まれます。

一方、(2) のように関係詞の前にコンマが置かれる用法を非制限用法〔継続用法〕といいます。非制限用法では、She has two sons「彼女には２人の息子がいます」のところでいったん文が完結します。その後のコンマに続くwho are studying medicine という関係詞節は、彼女の２人しかいない息子という先行詞について補足説明をする役割を果たしています。先行詞と補足説明のつながりには「そして」「だけれども」「しかし」「というのは」などがあり、文脈で判断することになります。ここでは「彼女には２人の息子がいて、そしてその２人の息子は（どちらも）医学を学んでいます」という意味になります。

非制限用法の２つのパターン

それでは、次の２つの文の意味の違いはわかりますか？

(1) She has two dogs, **which are** really nice.
(2) She has two dogs, **which is** really nice.

どちらも〈コンマ + which〉という非制限用法の関係詞が用いられていますが、関係詞節内の動詞が異なっていることに注目しましょう。

(1) の先行詞は two dogs で、「彼女は犬を2匹飼っていて、その犬たちはとてもすばらしいです」という意味になります。コンマを取り除くと She has two dogs which are really nice. という正しい文になることからも、先行詞が two dogs であることがわかりますね。

一方、(2) は関係詞節内の動詞が is になっているので、先行詞は複数形の dogs ではないことがわかります。この文の関係詞は〈前の内容〉を受けているのです。非制限用法の関係詞節が〈前の内容〉を受ける場合、動詞は3人称単数になることに注意しましょう。関係代名詞を使わずに2文で表すと、She has two dogs. It is really nice. となることからも、動詞が3人称単数になることがわかりますね。関係詞の部分の意味は「そのことは〜」と考えると読みやすくなります。この文は「彼女は犬を2匹飼っていて、そのことはとてもすばらしいことです」という意味になります。

このように、非制限用法の先行詞は〈直前の語〉の場合と〈前の内容〉の場合があります。〈コンマ+関係詞〉が出てきたら、先行詞が〈直前の語〉なのか〈前の内容〉なのかを見極めるために、関係詞節だけでなく必ず前後の文脈も確認するようにしましょう。

 ## 英文法で迫る

下線部で which の前にコンマが置かれているのは、この which が関係代名詞で、非制限用法で用いられているからです。ここでは、which で始まる関係詞節が a widespread awareness（幅広い認識）を補足的に説明しています。また、関係詞節が a widespread awareness と of the way ... の間に挿入されているため、関係詞節の後にもコンマが置かれていることにも注意しましょう。

非制限用法では、先行詞と関係詞節（補足説明）のつながりは文脈で判断することになりますが、ここでは「それは」ととらえるとよいでしょう。全体では、「今日では幅広い認識があるが、それは20世紀初頭には欠けていた」のような意味となります。lacking は「欠いている」「ない」という意味の形容詞です。動詞の lack は進行形を取らないことに注意しましょう。

日本語訳

1960年代以降、英語に影響を与えた最も重要な言語的変化の中には、社会が性差別の慣習とその結果に対して異なった見方をするようになったことから生じているものもある。現在では、言語が男女に対する社会的態度を暗に意味することは広く認識されているが、このような認識は20世紀初頭には存在していなかったのである。

① Some of the most important linguistic changes affecting English since the 1960s have arisen from the way society has come to look differently at the practices and consequences of sexism.

◎ 主語は Some of the most important linguistic changes affecting English since the 1960s と長くなっています。〈some of ＋最上級の表現〉は「最も～の一部は」という意味の表現です。the most important linguistic changes を affecting English since 1960s という現在分詞句が後ろから修飾している構造になっています。〈some of ～ ＋V〉は「～の中には V するものもある」と訳すとうまくいくことが多くあります。

◎ 動詞は have arisen です。arise from ～ は「～から生じる」という意味です。

◎ the way society has come to look differently at ... の the way と society の間には、in which もしくは関係副詞的なはたらきをする that が省略されています。the way how という形は「まれ」なので注意しましょう。

◎ has come to は、「（自然に）～するようになる」という意味の〈come to do〉が現在完了形になっています。

◎ look differently at ～は、look at ～に differently が挿入された形になっており、「～に対して異なった見方をする」という意味になります。

◎ the practices and consequences of sexism は、定冠詞の the が１つだけなので、practices と consequences の両方をまとめています。したがって、of sexism は practices and consequences の両方にかかっているとわかります。the practices and the consequences of sexism であれば、the practices と the consequences of sexism という２つのカタマリになります。

訳 1960 年代以降、英語に影響を与えた最も重要な言語的変化の中には、社会が性差別の慣習とその結果に対して異なった見方をするようになったことから生じているものもある。

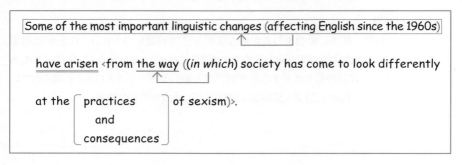

② There is now a widespread awareness, which was lacking in the early 20th century, of the way in which language implies social attitudes towards men and women.

◎ There is now a widespread awareness の〈There is ～〉は「～がある〔いる〕」という意味で、次に新情報が来ることを示しています。

◎ which was lacking in the early 20th century は、前の a widespread awareness を補足的に説明する関係代名詞の非制限用法です。前後にコンマが置かれていることから、この部分は挿入されていることがわかります。カッコで囲んで、いったん外して読み進めるとよいでしょう。

◎ of the way ... は a widespread awareness につながっています。挿入されている関係詞節を取り除くと、There is now a widespread awareness of the way in which ... (…という幅広い認識がある) というわかりやすい文になります。

◎ the way in which の in which は省略可能です。省略すると、第1文の the way society has come ... と同じ形になりますね。

◎ 関係詞節中の主語は language、動詞は implies、目的語は social attitudes です。全体では、「言語が男女に対する社会的態度を暗に意味するという幅広い認識がある」という意味になります。

訳 現在では、言語が男女に対する社会的態度を暗に意味することは広く認識されているが、このような認識は 20世紀初頭には存在していなかった。

There is now <u>a widespread awareness</u>, (which was lacking in the early 20th century,)
of <u>the way</u> (in which |language| implies social attitudes ⟨towards men and women⟩).

what の用法

①According to some psychologists, regret is "accompanied by feelings that one should have known better, by thoughts about the opportunities lost, and by wanting to undo the event and to get a second chance." ②<u>Intense regret is **what** you experience</u> when you can most easily imagine yourself doing something other than what you did.

（大阪医科大学）

* undo：〜を元通りにする、取り消す　　intense：強烈な、激しい

 下線部中の what は関係代名詞ですか、それとも疑問詞ですか？

 英文法が語ること　what の用法

関係代名詞の what と疑問詞の what を見分ける

　関係代名詞の what と疑問詞の what は、ともに名詞節を導き、文中で主語、補語、目的語になります。関係代名詞の what は疑問詞の what から派生した用法なので、本質的なところでは共通している部分もあります。例文を使って確認してみましょう。

I didn't understand **what** John said.

　この文は、what を関係代名詞ととらえて「私はジョンの言っていることがわからなかった」と考えることも、疑問詞ととらえて「私はジョンが何を言っているのかわからなかった」と考えることもできます。どちらの意味なのかは、文脈から判断することになります。

　一方、関係代名詞と疑問詞のどちらかに限定されることもあります。

John asked Mary **what** her family name was.

　この文は、John asked Mary, "What is your family name?"と書き換えられることからもわかるように、what は疑問詞で「ジョンはメアリーに名字が何かと尋ねた」という意味になります。このように、特定の動詞の目的語とともに使われる場合には、疑問詞としてとらえることがあります。次の2つの例文はどうでしょうか。

(1) That's **what** I wanted to say.

(2) I am wondering **what** I should do.

　(1) の文は、what を関係代名詞ととらえて「それが私の言いたかったことです」という意味になります。一方、(2) の文には What should I do? という疑問文が背後に隠れていることがわかりますので、「私は何をすればよいのだろうか」のように、what を疑問詞としてとらえます。

関係代名詞 what を使った表現

関係代名詞の what は「…すること〔もの〕」という意味を表しますが、そのように訳すことができない場合もあります。その例として、〈what S be〉という表現について見てみましょう。〈what S be〉は、主語の姿・状態・様子を表します。

I am not **what** I was.

この文では、what I was の部分が文全体の補語になっていますが、節中の時制に注目しましょう。what I was と過去形になっているので、「過去の私の姿」「過去の自分」「かつての私」のような意味としてとらえ、「今の私は過去の私ではない」という意味になります。

He is completely different from **what** he was 20 years ago.

この文では、〈what S be〉が前置詞 from の目的語になっており、「彼は 20 年前の彼とはまったくの別人である」という意味になります。ちなみに、〈what S be〉は基本的にネガティブな文脈で使います。この文では「20 年経って彼はずいぶん変わってしまったなあ」という感じですね。

 英文法で迫る

下線部の what は関係代名詞で、「強い後悔は人が経験することである」という意味になります。

関係代名詞の what は漠然と「もの」や「こと」を表します。what を使うと、具体的に「何であるか」が示されないので、読み手に「何のことだろう?」と思わせ、次に続く内容に注目させることができます。下線部でも、「人が経験すること」と漠然と示すことにより、読み手に「どんな経験だろう?」と思わせ、関心を集めたところで、大切なことを when 以下で導入しているのです。

関係代名詞の what が出てきたら、まずぼんやりと情報が提示され、次に具体的に説明がされるかもしれないと思いながら読むようにしましょう。

日本語訳

一部の心理学者たちによれば、後悔には「なんて自分はばかなことをしてしまったのだろう（しなければよかった）という感情や、チャンスを逃してしまったという考え、そしてやってしまったことをなかったことにして、2 回目のチャンスを得たいという願望が伴う」のである。強い後悔というものは、実際に自分がやったこととは別のことをしている自分をいともたやすく想像できるような時に経験することである〔強い後悔を経験するのは、自分がやったこととは別のことをしている自分をいともたやすく想像できる時である〕。

① According to some psychologists, regret is "accompanied by feelings that one should have known better, by thoughts about the opportunities lost, and by wanting to undo the event and to get a second chance."

○ この文は、主語が regret、動詞が is accompanied という受動態になっています。〈S be accompanied by ～〉は「S は～を伴う」という意味を表します。

○ feelings の後の that 節の中は完全な文の形になっているので、同格としてとらえます。that 節が feelings の内容を表しています。

○ should have known better は「もっと知っているべきだったのに」という意味で、「私としたことが（こんなことをするはずがない）」「なんてこんなばかなことをしたのだろうか」のように自分の行為を恥じたり、後悔したりする表現です。I should have known better than to trust him.（彼のことを信頼なんてするんじゃなかった）のように、「やってしまって後悔していること」を than to *do* の形で後置することもできます。

○ better の後にコンマがあり、続いて by ～という表現が出てきますが、これは前に出てきた by feelings ... と並列されていると考えましょう。この後に ..., and by ～が出てきて、項目の列挙が終わるだろうと思いながら読んでいきます。

○ thoughts about the opportunities lost は直訳すると「失われた機会についての考え」となりますが、ここでは「チャンスを逃してしまったことについて考える」という意味でとらえておきましょう。

○ lost の後にコンマと and があり、続いて by ～が出てくるので、ここで後悔を伴うことがらが〈A, B, and C〉の形で 3 つ挙げられていることがわかります。

○ wanting は want の動名詞形ですが、〈want to *do*〉の形が引き継がれています。undo は「～を無効にする」という意味ですが、ここでは「その出来事をなかったことにする」ということを表しています。

○ to get a second chance は、to undo the event と並列になっていて、出来事をなかったことにして「2 回目のチャンスを得たい」という願望を表しています。

訳 一部の心理学者たちによれば、後悔には「なんて自分はばかなことをしてしまったのだろうという感情や、チャンスを逃してしまったという考え、そしてやってしまったことをなかったことにして、2 回目のチャンスを得たいという願望が伴う」のである。

```
<According to some psychologists>,
regret is "accompanied ┌ by feelings (that one should have known better),
                        │ by thoughts (about the opportunities lost),
                        │   and
                        └ by wanting ┌ (to undo the event)
                                     │   and
                                     └ (to get a second chance)."
```

② Intense regret is what you experience when you can most easily imagine yourself doing something other than what you did.

◎ この文の主語は Intense regret、動詞は is で、what 以下が補語になります。what you experience の what を疑問詞ととらえると「何を経験するか」となり、意味が通らないので、関係代名詞としてとらえて「経験すること」と解釈します。

◎ when 以下では、what you experience を「どんな時に経験するか」が説明されています。when 節内は you が主語、can imagine が動詞で、can と imagine の間に most easily（最も容易に）という副詞句が挿入されています。

◎ imagine の目的語は yourself doing something other than what you did という動名詞句です。doing の前の yourself は、動名詞の意味上の主語です。動名詞で表されている動詞の〈行為者〉を明示する場合、動名詞の前に意味上の主語を置きますが、意味上の主語が文の主語と同じ場合は再帰代名詞にします。この動名詞句を文の形にすると You do something other than what you did となります。

◎ other than ～は「～以外の、～とは別の」という意味です。what you did の what は関係代名詞で、「自分がしたこと」という意味になります。動名詞句全体では、「自分がしたこととは別の何かを自分自身がすること」という意味になります。

訳 強い後悔というものは、実際に自分がやったこととは別のことをしている自分を最も容易に想像できる時に経験することである。

注意すべき関係詞の用法

①Mr. Miller says that unlike other recent presidents, including Mr. Clinton and George W. Bush, Mr. Obama is more analytical and introverted. ②In other words, he likes to be private and intellectual instead of social and emotional.

③"In effect, <u>you have a president who **I think** can be quite compelling at times when he does engage.</u> ④The question is whether he enjoys it."

(VOA Learning English, "For Obama, More Business Than Friendship with World Leaders")

* analytical：分析的な　　introverted：内向的な　　compelling：説得力のある

> **文脈** 元米国国務省中東アドバイザーのミラー氏が、当時のオバマ大統領について語った記事です。ミラー氏は、米国とイスラエルの関係が悪化しているひとつの原因として、オバマ大統領がこれまでの大統領と異なった気質を持っていることを指摘しています。

❓ 下線部で、I think がこの位置にあるのはなぜでしょうか？

 英文法が語ること　　**連鎖関係詞節**

┃ 連鎖関係詞節を見抜く

まずは次の文の構造を考えてみましょう。

My friend **who** I thought was in Okinawa was in Tokyo.
（沖縄にいると思っていた友達が東京にいた）

　関係代名詞の who の先行詞が My friend であることはわかりますね。そこで、My friend who I thought（私が考えていた私の友達）を主語、was in Okinawa（沖縄にいた）を動詞として読むと、was in Tokyo の主語に当たるものがなく、この部分が余ってしまいます。それでは、この文はどのような構造になっているのでしょうか。

　この文は〈 先行詞 ＋関係代名詞＋ S ＋ V ＋ V ～〉という構造になっています。V の主語だったものが先行詞で表され、意味は「V すると S が V している〔する〕 先行詞 」となります。このような形を〈連鎖関係詞節〉といいます。この形を念頭に置いて、上の文の構造を改めて考えてみましょう。

英文	My friend who I thought was in Okinawa
構造	先行詞 ＋関係代名詞＋ S ＋ V ＋ V ～
構造の意味	V すると S が V している〔する〕 先行詞
英文の意味	沖縄にいると私が思っていた 友達

　これで、この文は主語が My friend who I thought was in Okinawa で、続く was が動詞、in Tokyo が副詞句という第1文型の文だということがわかりましたね。

　ところで、この構造で関係代名詞の後に出てくる S + V は、どこから来たものなのでしょうか。先ほどの例文で確認してみましょう。この文は、I thought that my friend was in Okinawa が元の文として存在していて、my friend に焦点を当てて関係代名詞化した結果、My friend who I thought was in Okinawa となったものです。したがって、連鎖関係詞節で関係代名詞の後に出てくる S + V は、新たに挿入されたものではなく、〈元からそこにあったもの〉として考えましょう。最後に、連鎖関係詞節の特徴をまとめておきます。

① 連鎖関係詞節を含む文の中には、動詞が3つ以上出てくる
② 〈先行詞＋関係代名詞＋ S + V + V 〜〉の S + V の V には「言う」「考える」「思う」「信じる」などの〈思考・発言〉を表す動詞が来る

　say, think, believe などの思考・発言を表す動詞は接続詞の that を後に続けることができますが、連鎖関係詞節で用いられた場合には、**that は強制的に消去されます**。したがって、× My friend who I thought that was in Okinawa was in Tokyo. とは言えません。

英文法で迫る

　下線部の I think は、I think that a president can be quite compelling ... が元の文として存在し、a president に焦点を当てて関係代名詞化した結果、a president who I think can be quite compelling ... となったものです。
　元の文からもわかるように、ここで I think が使われているのは、「他の人はどのように思うかわからないが、私が思っていることは」や「真実はもしかしたら別かもしれないが、あくまでも私の考えでは」という、関係詞節で述べる内容が個人的見解であることを示すためなのです。

┌─────────────
│ 日本語訳
　ミラー氏によると、クリントン氏やジョージ・W・ブッシュ氏などの最近の他の大統領とは異なり、オバマ氏は分析的で内向的だという。言い換えると、彼は人と交わり情に訴えるよりも、ひとりになって頭で考えることを好むのだ。
「実のところ、私が思うに、今の大統領は、やるときには、人をひきつけることができる。問題は、彼がそれを楽しんでやっているかどうかだ」

---

① Mr. Miller says that unlike other recent presidents, including Mr. Clinton and George W. Bush, Mr. Obama is more analytical and introverted.

⚙ unlike other recent presidents の unlike は「～と違って」という意味の前置詞です。また、including Mr. Clinton and George W. Bush の including は「～を含めて」という意味の前置詞です。

⚙ more analytical and introverted（より分析的で内向的）という比較級が使われていますが、比較対象を表す than が後ろに出てきません。文脈から、比較対象は「クリントン氏やブッシュ氏ら最近の歴代大統領」だと判断しましょう。

訳 ミラー氏によると、クリントン氏やジョージ・W・ブッシュ氏などの最近の他の大統領とは異なり、オバマ氏は分析的で内向的だという。

Mr. Miller says [that

    <unlike <u>other recent presidents</u>, <including Mr. Clinton and George W. Bush,>>

    Mr. Obama is more analytical and introverted].

---

② In other words, he likes to be private and intellectual instead of social and emotional.

⚙ In other words は、読み手が理解しやすいように前の文の内容を言い換える表現です。ここでは、前の文の analytical and introverted を言い換えています。

⚙ he likes to be private and intellectual の like to *do* は、「～することを好む」という意味です。

⚙ instead of social and emotional の instead of ～は「～の代わりに、～しないで、～ではなく」という意味です。instead of の前後で、private と social、intellectual と emotional が対比されていることにも注目しましょう。全体では、「社交的になったり感情に訴えたりするよりも、人と交わらないことや知的なことを好む」という意味になります。

訳 言い換えると、彼は社交的になったり感情に訴えたりするよりも、人と交わらないことや知的なことを好むのだ。

③ "In effect, you have a president who I think can be quite compelling at times when he does engage.

💠 In effect は「事実上、実質的に、実際には」という意味ですが、文頭に置かれると「つまり」という意味でとらえることもできます。

💠 you have a president の you は「アメリカ国民」を指していると考えればよいでしょう。つまり、「(今の)アメリカには…という大統領がいる」という意味になり、この文は現在の大統領、つまりオバマ氏に関する説明になっているのです。

💠 can be quite compelling の compelling は「説得力のある」という意味の形容詞です。後ろに目的語が来ていないので、他動詞の compel (〜を無理やり…させる) としてとらえることはできません。

💠 at times when he does engage の when は関係副詞で、先行詞の times を後ろから説明しています。he は a president を受けています。

💠 does は engage を強調しています。動詞を強調する場合、このように do 〔does、did〕を用い、動詞は原形にします。engage は「関係する」「従事する」という意味の自動詞なので、「まさに従事するときに」→「やるとなったら」のような意味としてとらえておきましょう。

訳 実のところ、私が思うに、今のアメリカには、やるとなったら、人をひきつけることができる大統領がいる。

"<In effect>, you have a president (who <I think> can be quite compelling

at times (when he does engage)).

④ The question is whether he enjoys it.

💠 whether は「〜かどうか」という意味の接続詞で、補語になる名詞節を導きます。

💠 enjoys it の it は、前文の compelling at times when he does engage を受けています。相手から好意的に見てもらえるようにふるまうことができるけれど、そのような状況を好き好んでいるわけではないのでは?という書き手の疑問が感じられるところです。

訳 問題は、彼がそれを楽しんでやっているかどうかだ。

何かわからないことがあると、インターネットで検索をすることがあります。特に Wikipedia にはお世話になっている人が多いのではないでしょうか。この Wikipedia には、Simple English Wikipedia（https://simple.wikipedia.org/）というものがあります。Simple English Wikipedia には、平易な語彙、わかりやすい表現が使われていますので、英語学習には最適です。例として、war の項目の冒頭の 2, 3 文を比較してみましょう

Simple English Wikipedia（シンプル英語版）

　War is a situation or a period of fighting between countries or groups of people. A war generally involves the use of weapons, a military organization and soldiers. War is a situation in which a nation enforces its rights by using force.

（戦争とは、国や集団で行われる戦闘の状況や時期のことです。戦争とは一般的に、武器、軍事組織、兵士を必要とします。戦争は、国家が武力を用いて自らの権利を強く主張する状況のことです）

Full English Wikipedia version（通常版）

　War is an intense armed conflict between states, governments, societies, or paramilitary groups such as mercenaries, insurgents, and militias. It is generally characterized by extreme violence, aggression, destruction, and mortality, using regular or irregular military forces.

（戦争とは、国家、政府、社会、または傭兵、反乱軍、民兵などの武装集団の間で行われる激しい武力衝突である。一般的に戦争とは、正規軍または非正規軍による極度の暴力、侵略、破壊、多数の死者という特徴がある）

日本語版ウィキペディア

戦争とは、複数の国家、または集団の間での物理的暴力の行使を伴う紛争である。国際紛争の武力による解決である。対義語は対話。広義には内戦や反乱も含む。人類が、集団を形成するようになる有史以来、繰り返されてきたものである。

　使用されている語やわかりやすさにおいて、明確な差があることがわかると思います。冒頭の部分だけでもノートに書き写して学習することで、読むだけではなく、書くための勉強にもなります。英文読解の素材としてはもちろん、平易な語彙を用いてシンプルな文構造で英語を書くための「お手本」としても、Simple English Wikipedia を活用してみてはいかがでしょうか。

第 **10** 章

特殊構文で迫る

伝えたい内容をうまく相手に伝えるために、文に
ひと工夫を加えることがありますよね。英語にも
そのような工夫がありますが、そのかたちを知ら
ないと、書き手が伝えたいことを読み解くことは
できません。ここでは、そんな工夫の一種である
倒置・強調・否定について確認していきましょう。

①We set sail on this new sea because there is new knowledge to be gained, and new rights to be won, and they must be won and used for the progress of all people. ②For space science, like nuclear science and all technology, has no conscience of its own. ③Whether it will become a force for good or ill depends on man, and <u>only if the United States occupies a position of pre-eminence **can we help**</u> decide whether this new ocean will be a sea of peace or a new terrifying theater of war.

> 文脈 1962 年 9 月 12 日に当時のアメリカ合衆国大統領 J.F. ケネディがライス大学で行ったスピーチの一部です。この頃はアメリカとソビエト連邦は冷戦の最中でしたが、ソビエト連邦は 1957 年に初の人工衛星スプートニク 1 号を打ち上げるなどして、宇宙開発競争においてアメリカよりも優位に立っている状況でした。

 下線部で can we help という語順になっているのはなぜでしょうか？

A-Z **英文法が語ること**　倒置のパターン

倒置の 3 つのパターン

英語の平叙文はふつう〈主語＋動詞〉という語順になりますが、場合によっては主語と動詞の順序が入れ替わることがあります（助動詞を含む文の場合は、助動詞だけを前に出し、疑問文と同じ語順にします）。これを〈倒置〉といいます。倒置の代表的なパターンには次の 3 つがあります。

① 否定の副詞要素が文頭にある場合

Under no circumstances **should you touch** this vase.
（どんなことがあっても、この花瓶に触れてはならない）

Under no circumstances は「どんな状況にあっても〜ない」という意味を表す副詞句です。このような否定の意味を表す副詞要素が文頭にある場合は、should you touch のように疑問文と同じ語順になります。

② 〈場所を表す副詞句＋ V ＋ S〉という語順になる場合

On the hill **stood an old castle**. （丘の上に古城が建っていた）

An old castle stood on the hill. という文の場所を表す副詞句（on the hill）を文頭に移動させると、主語（an old castle）と動詞（stood）の語順が入れ替わることがあります。

このように、場所句を文頭に移動させて主語と動詞を入れ替えた倒置を〈場所句倒置〉ということは、1 で学びましたね（→ p.10）。場所句倒置では、動詞には be 動詞や〈存在〉〈出現〉を表す動詞が使われます。ただし、場所句倒置は任意ですので、On the hill an old castle stood. という文も成り立ちます。

③ if の省略による語順の入れ替え

Were he alive, he would be turning hundred.
（もし彼が生きていたら、100 歳になっているだろう）

If he were alive, he would be turning hundred. という仮定法の文において、接続詞の if を省略すると、疑問文と同じ語順になります（→ p.103）。

 英文法で迫る

　下線部の can we help が疑問文の語順（倒置）になっているのは、この文の始めに only if the United States occupies a position of pre-eminence という否定の意味を表す副詞節があるからです。

　副詞の only は「ただ〜だけ」「ただ〜のみ」「ほんの〜に過ぎない」という意味を表し、否定語に準ずる扱いをします。そのため、only を含む表現が文頭にある場合、「否定の副詞要素が文頭にある場合は疑問文と同じ語順にする」という規則に従うことになります。たとえば、Only in Japan **can we** see this kind of architecture.（日本でしかこうしたたぐいの建築物は見られない）のようになります。

　〈only if S + V〉は「〜の場合に限り〔のみ〕」という意味の副詞節を作りますが、副詞の only を含んでいるので、否定語に準ずる扱いになります。そのため、〈only if S+V〉が文頭に来ると、主節部分が〈助動詞＋ S ＋ V（原形）〜〉という疑問文の語順になるのです。

日本語訳

私たちがこの新しい海への航海に出発するのは、獲得できる新しい知識と勝ち取るべき新しい権利がそこにあり、それらは全人類の発展のために獲得され、かつ使用されなければならないからです。宇宙科学は、核科学やあらゆる技術と同様に、それ自体だけでは良心を持っていません。というのも、宇宙科学が善の力になるか悪の力になるかは人間次第であり、合衆国が優位な立場になってこそ、この新しい海が平和の海になるのか、それとも新たな恐ろしい戦争の舞台になるのかを我々が決めることができるのです。

① We set sail on this new sea because there is new knowledge to be gained, and new rights to be won, and they must be won and used for the progress of all people.

❁ set sail on the sea は「航海に出る」という意味を表します。ここでは this new sea（新しい海）となっていますが、これは「宇宙空間」のことを比喩的に指しています。

❁ because there is new knowledge to be gained, and new rights to be won では、「航海に出る」理由が述べられています。new knowledge to be gained（得ることのできる新しい知識）と new rights to be won（勝ち取るべき新しい権利）が and で結ばれています。

❁ and they must be won and used for the progress of all people は、We set sail on this new sea ... と並列になっています。この they は、前出の new knowledge to be gained と new rights to be won を受けています。さらに won and used が並列になっていて、for the progress of all people が両方にかかっています。

訳 私たちがこの新しい海への航海に出発するのは、獲得できる新しい知識と勝ち取るべき新しい権利がそこにあり、それらは全人類の発展のために獲得され、かつ使用されなければならないからです。

We set sail <on this new sea> <because there is ⌈ new knowledge to be gained,
                                                   and
                                                   new rights to be won>,
and
they must be won and used <for the progress of all people>.

② For space science, like nuclear science and all technology, has no conscience of its own.

❁ For space science と読んだところで、「宇宙科学にとって」という副詞句としてとらえ、主語と動詞を探しますが、like nuclear science and all technology という挿入句の直後に has が来ているので、読みを修正します。For space science の For は「というのは～だからだ」の意味の理由を表す接続詞で、space science が主語、has が動詞になっています。

❁ has no conscience は「良心がない、善悪の観念がない」という意味で、ここでは宇宙科学それ自体には善悪の観念が存在していないということを表しています。

訳 というのは、宇宙科学は、核科学やあらゆる技術と同様に、それ自体だけでは良心を持っていないからです。

③ Whether it will become a force for good or ill depends on man, and only if the United States occupies a position of pre-eminence can we help decide whether this new ocean will be a sea of peace or a new terrifying theater of war.

💠 Whether it will become a force for good or ill までが主語で、depends が動詞です。whether は名詞節を作る接続詞で、「〜かどうか」という意味を表します。depend on の目的語の man は無冠詞なので、「人間」「人類」という意味になります（→ p.29）。

💠 whether で始まる節内の主語は it、動詞は become です。it は space science（宇宙科学）を受けています。また、become a force for good or ill の good と ill は前置詞 for の目的語になる名詞で、「善の力か悪の力になる」という意味になります。

💠 and only if the United States occupies ... の only if は「〜の場合に限り〔のみ〕」という意味の副詞節を作ります。節内の主語は the United States、動詞は occupies で、目的語に a position of pre-eminence（抜きん出た位置）が来ています。そして、can we が出てきたところで、only if 節が a position of pre-eminence で終わっていること、can we が倒置になっていることに気づきます。

💠 can we help decide は〈help ＋動詞の原形〉という形になっていて、「〜することを促進する」「〜することを後押しする」という意味を表します。ここでは、「〜かどうか決めることに貢献〔を後押し〕する」という感じでとらえます。

💠 whether this new ocean will be ... の this ocean は、宇宙科学を「大海」にたとえたものです。be の後の a sea of peace（平和の海）と a new terrifying theater of war（新たな恐ろしい戦争の舞台）は、等位接続詞の or で結ばれています。

訳 宇宙科学が善の力になるか悪の力になるかは人間次第であり、合衆国が優位な立場になった場合にのみ、この新しい海が平和の海になるのか、それとも新たな恐ろしい戦争の舞台になるのかを決めることに貢献できるのです。

Whether it will become a force for good or ill | depends ⟨on man⟩,
   and
⟨only if | the United States | occupies a position of pre-eminence⟩
can | we | help decide [whether | this new ocean | will be ┌ a sea of peace
                                                            or
                                                     a new terrifying
                                                            theater of war].

倒置（2）

①In the day time I played with my companions in the garden, and in the evening I led the dance in the Great Hall.   ②<u>Round the garden ran a very lofty wall</u>, but I never cared to ask what lay beyond it, everything about me was so beautiful.   ③My courtiers called me the Happy Prince, and happy indeed I was, if pleasure be happiness.

* lofty：非常に高い　　courtier：廷臣

文脈　『幸福な王子』（→ p.26）の一節です。幸福な王子は、かつては宮殿の中で恵まれた生活をしていたので、宮殿の外の人々が貧しい暮らしをしているなど、ちっとも思っていませんでした。ここは、そんなかつての自分の生活を振り返って語る場面です。

 下線部が倒置になっているのはなぜでしょうか？

 英文法が語ること　　**倒置が起きる理由**

倒置が起きる2つの理由

　倒置は、文法的な規則により強制的に行われる場合と、文脈上、倒置をしたほうがよいという文体的な理由で行われる場合があります。否定語が文頭に置かれた場合や、仮定法で接続詞の if を省略した場合などは、文法的な規則による倒置にあたります。ここでは、倒置しなくてもよいものが、わざわざ倒置されている場合について考えてみましょう。

倒置される意図

　文体的な理由で倒置をするときには、何らかの意図がはたらいています。倒置される意図として代表的なものを3つ挙げてみます。

① 情報の流れをスムーズにさせたいとき

　英語には〈旧情報→新情報〉という基本的な情報の流れがありますが、その流れに合わせるために倒置することがあります。

He has a large garage in the back of his house, and in the garage **are dozens of classic cars**.
（彼の家の裏には大きなガレージがあり、そのガレージには数十台のクラシックカーがあります）

　この例文では、まず a large garage があることが導入され、and 以下の文でそこに何があるかが述べられています。つまり、and 以下の文では the garage が〈旧情報〉、dozens of classic cars が〈新情報〉になるので、〈旧情報→新情報〉の流れになるように倒置されているのです。

② 文脈の中に新たな人や物を導入したいとき

　昔話や小説の冒頭では、倒置された文で主人公などを登場させる場合があります。で学んだ次の例文で確認しておきましょう。

High above the city, on a tall column, **stood the statue of the Happy Prince**.
（街の上にそびえたつ、高い円柱の上に立っていたのは幸福な王子の像でした）

③ 明確な対比を表したいとき

　2つの文をあえて同じような形式にすることで、対比を明確にすることがあります。次の例文は『幸福な王子』に出てくるものです。

Round his neck **is a chain of pale green jade**, and his hands are like withered leaves.
（首の周りには薄緑色の翡翠の鎖、手はしぼんだ葉っぱみたい）

この例文では、次のように and 以下の文と対比させるために倒置されています。

| Round his neck | is | a chain of pale green jade |
| his hands | are | like withered leaves |

　〈体の一部＋ be 動詞～〉という語順にそろえることによって、翡翠の輝く「首の周り」とみじめな「手」の様子が対照的に表現されていますね。

英文法で迫る

　下線部は、A very lofty wall ran round the garden の副詞句 round the garden を文頭に移動させて、主語と動詞の位置を入れ替えた文です。場所を表す副詞句が文頭に来て倒置されていますが、これは、文脈の中で何か新しいことを導入するためというよりも、情報の流れをスムーズにさせるためだといえるでしょう。

　第1文を見ると、I played with my companions in the garden で「庭園」が導入されています。それを受けて、下線部では庭園の周りを描写しています。そこで、スムーズに情報が展開するように、倒置させて the garden〈旧情報〉→ a very lofty wall〈新情報〉という順序になっているのです。

日本語訳

日中は仲間といっしょに庭園で遊び、夜は大広間でまっさきにダンスをしました。その庭園の周りにはとても高い壁がめぐらされていました。ですが、その向こうに何があるかなんて聞いてみようということは考えたこともありませんでした。私の周囲にあるものはすべて美しいものばかりでした。廷臣たちは私のことを「幸福な王子」と呼びました。そして、実際のところ幸福でした。楽しいということが幸福だとすればですが。

① In the day time I played with my companions in the garden, and in the evening I led the dance in the Great Hall.

🌼 and で結ばれた2つの文はどちらも〈時〉を表す副詞句から始まり、日中と夜の王子の行いを対比しています。対比と言っても、「日中は勉強する」が「夜になると遊ぶ」のように、対照的な行為を対比しているわけではないことに注目しましょう。「日中は遊ぶ」そして「夜は踊る」、つまり「朝から晩まで楽しいことをしていた」ということが表されているのです。

訳 私は、日中は仲間といっしょに庭園で遊び、夜は大広間でまっさきにダンスをしました。

② Round the garden ran a very lofty wall, but I never cared to ask what lay beyond it, everything about me was so beautiful.

🌼 原則として、文頭の副詞句は主語にはなれません。そこで、Round the garden の後に動詞の ran が来たところで「動詞の後ろに出てくるのが主語だろう」と想定して読みます。すると、a very lofty wall が出てくるので、これが主語で、この文は倒置になっていることがわかります。run は他動詞であれば「~を動かす、経営する」の意味ですが、ここでは「(川・水などが)流れている、めぐらされている、(道が)伸びている」という意味の自動詞として使われています。

🌼 but I never cared to ask の〈care to *do*〉は「~したいと思う」という意味です。

🌼 ask what lay beyond it の what は、疑問詞としてとらえることも、関係詞でとらえることもできます。it は「壁」を指しているので、「壁の向こう側に何があるか」または「壁の向こう側にあるもの」と解釈できます。ask は「~を尋ねる」という意味なので、疑問詞としてとらえて「~が何かと尋ねる」と考える方がスムーズに解釈できそうですね。

🌼 everything about me was so beautiful は、接続詞がなく、コンマだけで前の文に続いています。本来は、接続詞を用いずに文をつなげることはできないので、この文は文法的には避けたほうがよい形になっています。ただし、小説ではこうした「文法的にはよくない」文が登場することもあるので、前後関係を考えながら読み進める必要があります。ここでは、文脈から判断して because を補うとよいでしょう。

訳 その庭園の周りにはとても高い壁がめぐらされていましたが、その向こうに何があるかを尋ねてみたいと思うことはありませんでした。私の周囲にあるものはすべて美しいものばかりでした。

```
<Round the garden> ran a very lofty wall,
but I never cared [to ask [what lay beyond it]],
(because) everything about me was so beautiful.
```

③ My courtiers called me the Happy Prince, and happy indeed I was, if pleasure
be happiness.

◎ My courtiers called me the Happy Prince は、My courtiers（主語）called（動詞）me
（目的語）the Happy Prince（補語）という SVOC の文になっています。

◎ and happy indeed I was は、I was happy indeed という文の補語 happy が文頭に移
動しています。その際に、補語の happy を修飾する副詞 indeed もいっしょに前に
出ていることに注意しましょう。happy が前に出てきているのは、直前に出てきた the
Happy Prince を受けて、情報の流れをスムーズにしているからです。この文は、一見
すると倒置のように見えますが、主語と動詞の位置が変わっていないので、厳密には倒
置とは呼ばず、前置と呼ばれます。主語と動詞の順序が入れ替わらないのは、主語に
代名詞が来る場合です。ここでも、主語に代名詞の I が用いられているため、happy
indeed was I. とはなりません。補語が文頭に移動して CSV の語順になるのと同様に、
目的語が文頭に移動して OSV の語順になることもあります。

◎ if pleasure be happiness では、動詞が原形の be になっていることに注目しましょう。
これは〈仮定法現在〉という古い用法で、現時点での状況を想像したり、不確実なこ
と、自信のないことを言ったりする場合に用いられる表現です。今日の英語では is を
使うのが一般的ですが、改まった文などではまだこの用法が見られます。ここでは、
「快楽が幸福だったとしたならば」と王子が想像している様子が表されています。

訳 廷臣たちは私のことを「幸福な王子」と呼びました。そして、実際のところ幸福でした。楽しい
ということが幸福だとすればですが。

```
My courtiers called me the Happy Prince,
    and happy indeed I was, <if pleasure be happiness>.
```

①Helping the poor has long been considered an obligation by major religions. ②They teach that helping less fortunate people is important. ③For example, in Europe during the Middle Ages, **it was** the Church **that** helped the poor by providing food and money for those in need. ④To care for the sick, old, or weak, the Church also established and operated hospitals. ⑤These ways of helping people were considered important charitable activities of the Church.

（センター試験）

* the Church：（キリスト者の集まりとしての）教会　　charitable：慈善的な

下線部が〈It was 〜 that ...〉という形になっているのはなぜでしょうか？

英文法が語ること　　強調

強調構文

　名詞要素や副詞要素を強調したい時に、〈It is〔was〕＋強調したい要素＋ that ...〉という形にすることがあります。これを〈強調構文〉（専門的には〈分裂文〉）といいます。例文を使って具体的に見ていきましょう。

The Astros defeated the Dodgers yesterday. 　　　　［通常の語順］
（昨日、アストロズがドジャーズを破った）

It was the Astros **that** defeated the Dodgers yesterday. 　［主語を強調］
（昨日、ドジャーズを破ったのはアストロズだった）

It was the Dodgers **that** the Astros defeated yesterday. 　［目的語を強調］
（昨日、アストロズが破ったのはドジャーズだった）

It was yesterday **that** the Astros defeated the Dodgers. 　［副詞要素を強調］
（アストロズがドジャーズを破ったのは昨日だった）

強調構文では、語句だけでなく節も強調することができます。

I had to go home because my child was sick. 　　　　［通常の語順］
（私は子供が病気だったので家に帰らなければならなかった）

It was because my child was sick **that** I had to go home. 　［節を強調］
（私が家に帰らなければならなかったのは、子供が病気だったからだ）

強調される内容が〈人〉の場合は、that の代わりに who が使われることもあります。

It was <u>Mark</u> **who** wore a red jacket at the party.
（パーティーで赤いジャケットを着ていたのはマークだった）

▎強調構文と形式主語構文の違い

強調構文と形式主語の構文は、どちらも〈It is〔was〕 〜 that ...〉という形になるため、見た目がそっくりです。両者の違いは、It is〔was〕と that を消した時に、〜の語句を使った文が成り立つかどうかによって判別できます。次の例文を見てみましょう。

(1) **It was** <u>a red jacket</u> **that** Mark wore at the party.

(2) **It is** <u>true</u> **that** Mark wore a red jacket at the party.

(1) は、It was と that を消して a red jacket を wore の後に置くと、Mark wore a red jacket at the party. という文になるので、これは強調構文で「マークがパーティーで着ていたのは赤いジャケットだ」という意味になることがわかります。一方、(2) は It was と that を消すと、true を使う場所がありません。そこで、この文は形式主語の構文で、「マークがパーティーで赤いジャケットを着ていたのは事実だ」という意味だとわかります。

 英文法で迫る

下線部は、the Church helped the poor by providing food and money for those in need という文の主語である **the Church** を強調した強調構文になっています。

普通の文では、情報の焦点（相手に伝えたい新情報）は文末に置かれます。言い換えると、主語の位置に来る要素は〈旧情報〉となります。下線部では、第1文で述べられた「多くの宗教で貧しい人たちが助けられてきた」が旧情報で、多くの宗教の1つとして「教会」（キリスト教）を新情報として提示しています。しかし、the Church helped the poor ... とすると「教会」が旧情報になってしまいます。そこで、強調構文を用いて〈It is 新情報 that 旧情報〉という形にすることで、〈旧情報→新情報〉という情報の流れを意図的に破っていることを表しているのです。

┌─────
│ 日本語訳
│ 貧しい人たちを助けることは、主要な宗教では義務だと長い間考えられてきた。これらの宗教は、恵まれない人たちを助けることは重要だと教えている。たとえば、中世ヨーロッパにおいて、困っている人たちに食べ物や金銭を与えることで貧しい人たちを助けたのは（キリスト教）教会であった。（キリスト教）教会はまた、病人、高齢者、あるいは弱者たちの世話をするために病院を設立し運営した。このように、人々に手を差し伸べることは、（キリスト教）教会の重要な慈善活動と考えられていたのである。

① Helping the poor has long been considered an obligation by major religions.

● 文頭に *doing* が出てきたら、まず〈分詞構文〉か〈動名詞が主語の文〉のどちらなのかを考えましょう。分詞構文は〈*doing* ..., S + V 〜〉という構造になりますが、動名詞が主語の文では、ふつう後ろに S + V が出てきません。ここでは、後ろに S + V ではなく has long been considered という動詞が続いていることから、Helping the poor という動名詞が主語の文であることがわかります。

● the poor は「貧しい人たち」という意味です。〈the +形容詞〉で「〜な人々」という意味を表します。

● has long been considered an obligation by major religions は、〈consider A (to be) B〉「A を B だと思う」の A を主語にした受動態になっています。〈A is considered B by 〜〉で「A は〜によって B だと思われて〔考えられて〕きた」という意味になります。

訳 貧しい人たちを助けることは、主要な宗教では義務だと長い間考えられてきた。

② They teach that helping less fortunate people is important.

● They が主語、teach が動詞です。They は major religions を受けています。

● that 節が teach の目的語になっています。節中の helping は、後ろに S + V ではなく is という動詞が続いていることから、動名詞だとわかります。less fortunate は、比較級を使った poor の婉曲表現になっています。

訳 これらの宗教は、恵まれない人たちを助けることは重要だと教えている。

③ For example, in Europe during the Middle Ages, it was the Church that helped the poor by providing food and money for those in need.

● in Europe during the Middle Ages の直訳は「中世の間のヨーロッパでは」ですが、まとめて「中世ヨーロッパでは」ととらえておきましょう。中世ヨーロッパは 5 世紀〜 15 世紀頃を指します。

● it was the Church that helped the poor は、the Church を強調する強調構文になっています。

● by providing food and money の by は、「〜によって」という〈手段〉を表します。

● those in need は「必要としている人たち」という意味ですが、ここでは「困っている人たち」としてとらえておきます。この need は動詞ではなく名詞です。

訳 たとえば、中世ヨーロッパでは、困っている人たちに食べ物や金銭を与えることで貧しい人たちを助けたのは（キリスト教）教会であった。

④ To care for the sick, old, or weak, the Church also established and operated hospitals.

💠 to 不定詞で文が始まる場合、〈To do 〜 , S + V ...〉となっていれば副詞用法、to 不定詞で始まる句が主語になっていれば名詞用法になります。ここでは、the Church also established という S + V が後に来ているので、副詞用法だとわかります。

（ちなみに）副詞用法の to 不定詞が文頭に来ている場合、〈目的〉「〜するために」（= in order to）または〈仮定〉「〜したら」を表します。〈仮定〉を表す場合は、次の例のようにしばしば後に続く S + V に過去形の助動詞が出てきます。

To hear her talk, you **would** think she is from Osaka.
（彼女が話すのを聞けば、大阪出身と思うでしょう）

ここでは、過去形の助動詞がないので〈目的〉でとらえておくとよいでしょう。

💠 for の後は sick、old、weak が or で並列されています。それぞれ〈the +形容詞〉「〜な人々」という形になっていることに注意しましょう。

訳 （キリスト教）教会はまた、病人、高齢者、あるいは弱者たちの世話をするために病院を設立し運営した。

⑤ These ways of helping people were considered important charitable activities of the Church.

💠 These ways of helping people が主語で、「人々を助けるこのような方法」という意味を表します。

💠 were considered important charitable activities of the Church は、第 1 文と同じく〈consider A (to be) B〉「A を B だと思う」の A を主語にした受動態になっています。

訳 人々を助けるこのような方法は、（キリスト教）教会の重要な慈善活動と考えられていたのである。

否定

①"What a fish," he said.　②"He has it* sideways in his mouth now and he is moving off with it."

③Then he will turn and swallow it*, he thought.　④He **did not say** that because he knew that if you said a good thing it might not happen.　⑤He knew what a huge fish this was and he thought of him moving away in the darkness with the tuna held crosswise in his mouth.

> 文脈 『老人と海』(→ p.180) の一節です。老漁師サンティアゴはひとり小舟で漁に出ました。不漁続きでしたが、ついに1匹のカジキがえさに喰らいつきました。引きがとても強く、その強さに驚いています。なお、* の it はえさのマグロ(the tuna)を指します。

　下線部はどのような意味を表しているでしょうか？

A-Z | 英文法が語ること |　**否定**

否定の「なわばり」を考える

not は後に続く要素を否定しますが、否定の意味がどこまでかかっているのか、その「なわばり」をきちんと考えて読むことが必要になります。次の例文を考えてみましょう。この文は、次の2つの意味をもつあいまいな文になります。

I **didn't** marry her because she was poor.

(1) 彼女が貧乏だったから、私は彼女と結婚しなかった。

(2) 私は、彼女が貧乏だったから彼女と結婚したわけではない。
　→ 彼女と結婚したのは、彼女が貧しかったからではない。

　(1) は not が marry her にかかっているととらえた場合で、「彼女と結婚した」ことを否定している、つまり「彼女と結婚しなかった」という意味になります。一方、(2) は not が marry her because she was poor にかかっているととらえた場合で、「彼女が貧乏だったから彼女と結婚した」ことを否定しており、彼女とは結婚したことになります。どちらの意味なのかは、最終的には文脈で判断することになりますが、書き言葉であれば、次のように書くことであいまいさを回避することができます。

I **didn't** marry her, because she was poor.

　このように書けば、コンマの前で not の「なわばり」が終わることが明確になり、「彼女が貧乏だったので、彼女と結婚しなかった」という意味にしか解釈できなくなります。

　次の例文はサマセット・モームの『サミングアップ』に出てくるものですが、否定の「なわばり」を考えなければ、この文をきちんと理解することはできません。

"We do **not** write because we want to; we write because we have to."

　We do not write because we want to の not の「なわばり」を because の前までだと考えると、「書きたいので、書かない」というおかしな意味になってしまいます。そこで、「なわばり」を文末までと考えると「書きたいから書くのではない」となり、正しく読むことができます。この文は、「書きたいから書くのではなく、書かなければならないから書くのだ」という意味になります。

英文法で迫る

　下線部の not の「なわばり」を考えてみましょう。否定しているのが because の前までなのか、それとも because を超えて文末までなのかによって意味が変わります。because の前までだと考えると、「わかっていたので、言わなかった」という意味になります。一方、文末まで否定していると考えると、「わかっていたので言ったわけではない（言ったのは知らなかったからだ）」となります。もちろん、どちらの意味にも取れるので、最終的には文脈から判断しなければなりません。

　それでは、文脈を確認してみましょう。この文の前にある Then he will turn and swallow it, he thought.（そうすれば、彼（＝カジキ）がひとまわりしてそれ（＝えさ）を飲み込むだろう、と思った）がヒントになります。「思った」ということは、実際には口に出して言っていないことになりますよね。したがって、否定の「なわばり」は because の前までだと考えて、「わかっていたので言わなかった」と読むことになります。

[日本語訳]
「なんという魚だ」と彼は言った。「彼は今、えさを口の中で斜めにくわえて、食い逃げしようとしてるんだ」
　それから、ぐるりとまわって飲み込んでくれるだろう、と思った。彼は、よいことを言ってしまうと、それが実現しないかもしれないということを知っていたので、それを口にはしなかった。彼にはこの魚がどんなに大きな魚かわかっていて、それがマグロを横向きにくわえながら、真っ暗な海底へと遠ざかっていこうとしていると思ったのである。

① "What a fish," he said.

◉ What a fish (it is)! は感嘆文です。〈What (a 〔an〕) +名詞 !〉で「何とすごい〜だろう」という意味を表します。

訳 「なんという魚だ」と彼は言った。

② "He has it sideways in his mouth now and he is moving off with it."

◉ 前文の he said. の後に引用符（" "）で囲んだ文が続いていることに注目しましょう。小説では、he said. などで文が終わっても改行せずに、そのまま次の文を引用符で囲んで表すことで、発言が続いていることを表します。したがって、この発話の主体は、前文と変わらず「彼（＝サンティアゴ）」です。

◉ He has it の He はカジキを、it はえさを指しています。

◉ has it in his mouth は「えさをくわえている」という意味で使われています。

◉ sideways は「横向きに」「斜めに」という意味の副詞で、has を修飾しています。

◉ he is moving off with it の move off は「立ち去る」という意味ですが、ここではカジキが「逃げる」という意味でとらえておきます。start や leave、arrive のように往来発着を表す動詞が現在進行形になると、「〜しようとしている」という意味になります。ここでも、move off が leave と同じような意味で使われていますので、「逃げようとしている」という意味になります。

訳 「彼は今、えさを口の中で斜めにくわえて、えさとともに逃げようとしてるんだ」

③ Then he will turn and swallow it, he thought.

◉ Then he will turn and swallow it は、サンティアゴが心の中で思ったことを示しています。後に he thought. とあるように、小説の基本的な時制は過去形なので、本来は過去形で he would turn ... となるのですが、ここでは現在形で表現されています。これは小説特有の表現形式で、登場人物の心の中の声をリアルに描写する技法です。

◉ he will turn and swallow it の he はカジキを、it はえさを指しています。一方、he thought の he はサンティアゴを指しています。

訳 それから、彼はぐるりとまわってえさを飲み込むだろう、と彼は思った。

④ He did not say that because he knew that if you said a good thing it might not happen.

💭 否定の not の「なわばり」は say that までです。この that は、前文の Then he will turn and swallow it を受けています。

💭 he knew that if you said ... の that は接続詞で、that で始まる節が knew の目的語になっています。

💭 if you said a good thing it might not happen は仮定法過去の形になっています。if 節内の主語の you は〈一般的な人〉を表しますので、あえて日本語に訳す必要はありません。

> **訳** 彼は、よいことを言ってしまうと、それが実現しないかもしれないということを知っていたので、それを口にはしなかった。

He did not say that
　　　〈because he knew [that 〈if you said a good thing〉 it might not happen]〉.

---

⑤ He knew what a huge fish this was and he thought of him moving away in the darkness with the tuna held crosswise in his mouth.

💭 He knew what a huge fish this was は、knew の目的語として冒頭のセリフの感嘆文の what a huge fish this is がそのままの形で埋め込まれています。時制の一致で is が was となることに注意しましょう。

💭 he thought of him moving away は、think of *doing* の動名詞部分の意味上の主語として him が置かれています。

💭 with the tuna held crosswise in his mouth の held は過去分詞で、〈with + O +過去分詞〉で「O が〜された状態で」という意味を表す付帯状況になっています。ここでは「マグロが横向きにくわえられた状態」、つまり「マグロを横にくわえて」という意味になります。

> **訳** 彼はこの魚がどんなに大きな魚かを知っていて、それがマグロを横向きにくわえながら、真っ暗な海底へと遠ざかっていこうとしていると思ったのである。

He knew what a huge fish this was
　　and he thought of him moving away 〈in the darkness〉
　　　　　　　　　　〈with the tuna 〈held crosswise in his mouth〉〉.

英語学習の TIPS　音読って結局どうなの？

　「今日の授業はここまでです。今日読んだ文章はとにかくたくさん音読をしてください」英語教師になったばかりの私は、授業のたびにそう言っていました。家で何回も教科書を音読してもらうことを期待していたのですが、話を聞いている生徒の反応は「そんなの面倒くさくてやりたくねー」とか「また、音読の話かぁ」で、「今日の授業はここまで」と聞いた瞬間に、教科書を閉じて、筆記用具をしまう、そんな感じだったと思います。

　「只管朗読（しかんろうどく）」という言葉を聞いたことがあるでしょうか？同時通訳者の國弘正雄氏が提唱した言葉で、ただひたすら座禅をすることを意味する「只管打坐（しかんたざ）」という言葉が元になっています。國弘先生は、中学３年までの英語の教科書を只管朗読、つまり何百回と声に出して読むことで、単語や文法の知識が定着し、その知識を使いこなせる「英語の回路」ができると主張されています（くわしく知りたい人は、『英会話・ぜったい・音読』シリーズ（國弘正雄・千田潤一、講談社インターナショナル）に掲載されている「英語習得の王道は「音読」」を読んでみてください）。とにかく覚えてしまうまで音読をしておくことがとっても大切なのです。

　音読する時に、忘れてはならない大切なことがあります。それは、「意味がわかる英文を読む」ということです。最低限、「個々の単語の発音」ができ、「それぞれの単語の意味」がわかり、「１文単位での意味」そして「文章全体の意味」が理解できていなければ、音読してもまったく効果がありません。これらがわかったところで、次に示す Read and Look up という方法で音読をやりましょう。

① 英文を目で追いながら音声を聞き、発音・リズム・イントネーションなどを確認したら、音声をストップする。音声がない場合は黙読。
② その時に、英文の意味を頭の中で描いておく。
③ 目をテキストから離し、顔を上げる。そして一息ついたところで、意味を思い出しながら、①で確認した英文を声に出す。

　①～③を数セット繰り返してやることで、英語らしいリズムやイントネーションが身につくだけでなく、英語の表現も定着していきます。

主要参考文献

文法項目の解説を書くにあたり主に参考にしたもの

安藤貞雄『現代英文法講義』（開拓社）

今井康人『ZESTAR 総合英語』（Z 会）

江川泰一郎『英文法解説』（金子書房）

小野経男『意外性の英文法』（大修館書店）

柏野健次『英語語法詳解』（三省堂）

久野暲、高見健一『謎解きの英文法　冠詞と名詞』（くろしお出版）

久野暲、高見健一『謎解きの英文法　時の表現』（くろしお出版）

久野暲、高見健一『謎解きの英文法　否定』（くろしお出版）

久野暲、高見健一『謎解きの英文法　省略と倒置』（くろしお出版）

倉林秀男、河田英介『ヘミングウェイで学ぶ英文法』（アスク出版）

倉林秀男、今村楯夫『ヘミングウェイで学ぶ英文法 2』（アスク出版）

倉林秀男、原田範行『オスカー・ワイルドで学ぶ英文法』（アスク出版）

デクラーク、安井稔訳『現代英文法総論』（開拓社）

中野清治　『学校英文法プラス』（開拓社）

中村捷『発話型英文法の教え方・学び方』（開拓社）

安井稔『英文法総覧』（開拓社）

綿貫陽、マーク・ピーターセン『表現のための実践ロイヤル英文法』（旺文社）

Michael Swan. *Practical English Usage*. 4th ed. (Oxford University Press)

Randolph Quirk, Sidney Greenbaum, Geoffrey Leech, and Jan Svartvik. *A Comprehensive Grammar of the English Language*. (Longman)

語注や訳語を作る際に参考にした辞書

『ジーニアス英和大辞典』（大修館書店）

『新英和大辞典』（研究社）

『ウィズダム英和辞典』（三省堂）

『オーレックス英和辞典』（旺文社）

『ルミナス英和辞典』（研究社）

読書案内を書くにあたり主に参考にしたもの

中村邦生『たのしく読めるイギリス文学―作品ガイド 150』（ミネルヴァ書房）

成瀬 俊一『英米児童文学のベストセラー 40―心に残る名作』（ミネルヴァ書房）

渡辺 利雄『講義 アメリカ文学史［入門編］』（研究社）

英文出典

1, 17, 18, 34, 40, 46: From The *Happy Prince* by Oscar Wilde (1888)

2: From *The Subversive, Surprising History of Curry Powder* (Atlas Obscura, April 9, 2019) by Rohini Chaki. Copyright © 2019 by Rohini Chaki. Used by permission of Atlas Obscura Inc.

4: From *The Coming-of-Age Con* (aeon.co, 8 September, 2017) by Cody Delistraty. Copyright © 2017 by Cody Delistraty. Used by permission of Aeon Media Group Ltd.

5: From *Armstrong's famous "one small step" quote — explained* (posted on https: //apnews.com/article/c0d6977d310042af96bb7e2e3287a268) by The Associated Press. Copyright © 2019 by The Associated Press.

6: From *Health and Lifestyle 2020: A Year in Review* (Voice of America; December 28, 2020) by learningenglish.voanews.com. Copyright © 2020 by learningenglish.voanews.com. Used by permission of Voice of America.

7: From *What I Wish I Knew When I Was 20* by Tina Seelig. Copyright © 2009 by Tina L. Seelig. Used by permission of HarperCollins Publishers.

8: Reproduced from APPEARANCE AND REALITY by William Somerset Maugham (Copyright © The Royal Literary Fund) by permission of United Agents LLP (www.unitedagents.co.uk) on behalf of The Royal Literary Fund

9: From *A Brief History of Chocolate* (Smithsonianmag.com, March 2008) by Amanda Fiegl. Copyright © 2008 by Amanda Fiegl. Used by permission of Smithsonian Institution.

10: From *Here's what maths can teach us about how to design the perfect car park* (posted on https: //theconversation.com/heres-what-maths-can-teach-us-about-how-to-design-the-perfect-car-park-62808) by David Percy. Copyright © 2016 by David Percy.

11, 31: From *Animal Farm: A Fairy Story* by George Orwell (1945)

12: Republished with permission of Hachette Books Group, from *The Perfect Swarm : The Science of Complexity in Everyday Life*, Len Fisher, 2009; permission conveyed through Copyright Clearance Center, Inc.

13: From *The Life and Strange Surprising Adventures of Robinson Crusoe* by Daniel Defoe (1719)

14: From *The English Class System* by George Orwell (1947)

15: 2020 年 10 月 11 日のドナルド・トランプ氏のツイート（現在凍結中）に対する Twitter 社の警告文

16: From *An Autobiography* by Edwin Muir published by Hogarth Press. Reproduced by permission of The Random House Group Ltd. © 1987

19: Amazon.com の返品ポリシー（https://www.amazon.com/ask/questions/asin/B08G9J44ZN/3/ref=ask_ql_psf_ql_hza?isAnswered=true）より

20: From *Digging Up The Roots Of Modern Waste In Victorian-Era Rubbish* (National Public Radio, June 1, 2016) by Lauren Frayer. Copyright © 2018 by Lauren Frayer. Used by permission of National Public Radio, Inc.

21: From *Regulate, rather than prohibit, the use of food waste as feed: learning from East Asian experiences* (Broadening Horizons; N° 24 December 2015) by Erasmus zu Ermgassen. Copyright © 2015 by Erasmus zu Ermgassen.

22: From *Pelé: the legend* by Usame Cicek. Copyright © 2005 by Usame Cicek

24: 2005 年 6 月 12 日にスティーブ・ジョブズ氏がスタンフォード大学の卒業式で行ったスピーチより

25: 2010 年 11 月 10 日にバラク・オバマ合衆国大統領（当時）が University of Indonesia で行ったスピーチより

26: ジョー・バイデン氏ツイート（https://twitter.com/POTUS/status/1351946842838347776）

28: From *Alice's Adventures in Wonderland* by Lewis Carroll (1865)

29: Information provided by Nemours KidsHealth.org from Nemours Children's Health. ©2021. The Nemours Foundation. Each of Nemours Children's Health and KidsHealth is a registered trademark of The Nemours Foundation. All rights reserved. Excerpt reprinted following guidelines.

30: From *The Mysterious Affair at Styles* by Agatha Christie. Reprinted by permission of HarperCollins Publishers Ltd. © 1921 by Agatha Christie.

33: From *Where Have All the Animals Gone?* (Harper's Magazine, May 1991 issue) by Charles Siebert. Copyright © 1991 by Charles Siebert. Used by permission of Harper's Magazine.

35: From *COVID Global Death Tally Approaches One Million* (Voice of America; September 28, 2020) by voanews.com. Copyright © 2020 by voanews.com. Used by permission of Voice of America.

36, 48: From *The Old Man and the Sea* by Ernest Hemingway (1952)

37: From *The Family Secret* by Wilkie Collins. Copyright © 1992 by Sandra Heyer. Used by permission of Pearson PLC.

38: Amazon.com の返金ポリシー（https://www.amazon.com/gp/help/customer/display.html?nodeId=GKQNFKFK5CF3C54B）より

41: From "Christmas" (July 8, 2021, 20:44 UTC). In Wikipedia: The Free Encyclopedia. Retrieved from https://en.wikipedia.org/wiki/Christmas

42: From *The Cambridge Encyclopedia of the English Language* by David Crystal. Copyright © 2019 by David Crystal.

43: Excerpt from "Regret" from "Keeping Score" from THINKING, FAST AND SLOW by Daniel Kahneman. Copyright © 2011 by Daniel Kahneman. Reprinted by permission of Farrar, Straus and Giroux. All Rights Reserved.

44: From *For Obama, More Business Than Friendship with World Leaders* (Voice of America; April 5, 2015) by learningenglish.voanews.com. Copyright © 2020 by learningenglish.voanews.com. Used by permission of Voice of America.

45: 1962 年 9 月 12 日に J.F. ケネディ合衆国大統領（当時）がライス大学で行ったスピーチより

著者紹介

倉林 秀男（くらばやし ひでお）

杏林大学外国語学部教授、博士（英語学（獨協大学））。専門は英語学、文体論。〈ことば〉にかかわること全般を研究対象としている。日本文体論学会代表理事（2018年〜2020年）、同学会会長（2020年〜）。著書に『言語学から文学作品を見る―ヘミングウェイの文体に迫る』（開拓社）、『街の公共サインを点検する』（共著、大修館書店）、『ヘミングウェイで学ぶ英文法』（共著、アスク出版）、『ヘミングウェイで学ぶ英文法2』（共著、アスク出版）、『オスカー・ワイルドで学ぶ英文法』（共著、アスク出版）などがある。

校閲協力

石原 健志（大阪星光学院中学校・高等学校）

書籍のアンケートにご協力ください

抽選で**図書カード**をプレゼント！

Ｚ会の「個人情報の取り扱いについて」はＺ会Webサイト（https://www.zkai.co.jp/poli/）に掲載しておりますのでご覧ください。

英文解釈のテオリア 英文法で迫る英文読解入門

初版第1刷発行 ……………… 2021年10月10日
初版第4刷発行 ……………… 2023年2月10日

著者 ………………………… 倉林秀男
発行人 ……………………… 藤井孝昭
発行 ………………………… Ｚ会
　　　　　　　　　　　　　〒411-0033　静岡県三島市文教町1-9-11
　　　　　　　　　　　　　【販売部門：書籍の乱丁・落丁・返品・交換・注文】
　　　　　　　　　　　　　TEL 055-976-9095
　　　　　　　　　　　　　【書籍の内容に関するお問い合わせ】
　　　　　　　　　　　　　https://www.zkai.co.jp/books/contact/
　　　　　　　　　　　　　【ホームページ】
　　　　　　　　　　　　　https://www.zkai.co.jp/books/
装丁 ………………………… BLANC design inc.
印刷・製本 ………………… シナノ書籍印刷株式会社
DTP ………………………… 株式会社 デジタルプレス